JN115426

50代から始める

正しい

筋トレ

パーソナルトレーナー
『sexyfitness』
ユウジ Yuji

コスミック出版

装丁：川畑サユリ

イラスト：amasawa Mai

撮影：杉浦弘樹

編集：楾島慎司（コスミック出版）

はじめに

　パーソナルトレーナーのユウジです。普段の僕は主に都内のジムでトップアスリートから一般の人まで大勢のクライアントを指導しています。
　その一方で「中高年のボディをカッコよくすること」をテーマに、YouTube『sexyfitnes』（セクシーフィットネス）というチャンネルを運営し、筋トレの動画を多数公開しています。「セクシー」と謳うからには動画に興味を持った中高年の外見を「カッコよくしたい」という目的もありますけど、僕には次の強い思いがあります。

　中高年の「あ〜、疲れた」をなくしたい。
　この本をきっかけにして、疲れた、疲れる……そういうのを取り除いて欲しいのです。

　現在、僕は 52 歳です。この本を読んでくださる皆さんとドンピシャの同年代。
　50 代の人にヒアリングすると「疲れた」とか「だるい」とか言います。若い頃に比べると疲労を感じる、溜まるというのは中高年が抱える悩みの一つです。また、それを「普通」と思っていることでしょう。
　だいたい 50 代ともなれば誰もが 20 代の時よりも体重が増えています。若い頃よりも重くなった体なのにその反対に筋肉が減り筋力が落ちている。そうすると脳は体を重いと認知し、その結果「疲れた」とか「だるい」とか感じるわけです。
　それは座っても同じで筋力がなかったら体が重くて「だるい」になります。デスクワークの人ならばそういう状態が 24 時間のうち 15 時間くらいは続いている。

　もちろん僕も 20 代よりも体重が増えました。しかし、疲れたと感じることがほとんどありません。体重は増えたのに体が軽いと感じる。
　どうしてかというと増えた体重のほとんどが筋肉だからです。自分の体を持ち運んだり、体を支えるための筋力が 20 代の時と変わらないとも言えます。いや実際には 20 代の時より全身の筋力が高いのです。
　「それはあなたがパーソナルトレーナーだからできることだろう！」というツッコミが入りそうですけど、筋力を上げることによってパフォーマンス力を若い頃のように戻すことは一般の 50 代の人でもできます。やるかやらないかだけの違いです。

　どうすれば 20 代の時のような体がよみがえるのか？　どうすれば「あ〜、疲れた」がなくなるのか？
　それはこの本の中の自体重を使ったり、軽いダンベルを使用するエクササイズをしっかりとやることです。その結果、「筋力を高める」「体を支える力をつける」につながり、その 2 つが「あ〜、疲れた」をなくしてくれます。
　それに費やす所要時間は 1 日最低 3 分、最大でも 15 分で十分なのです。

　僕が紹介する種目は「カッコよくなる」ためだけでなく、50歳以上の人にとって何通りもの意味合いを持ったものだから短時間で幅広いメリットを得られます。

　トレーニング主体に生きていく人にとっては筋トレをやる時間が十分にあるでしょう。「トレーニングに3時間用意している」とか、そういう人は中にはいるのです。
　けれど、一般の人は色々やることが多過ぎて、「トレーニングの時間がこれだけしかない！」というのが大多数なのです。だいたい20分あるかな……ないかな……みたいな。
　仕事とか家族のことがあって、その隙間でしかトレーニングができないわけです。
　ですから、この本の中では最低1日3分、最大でも1日15分で終わるトレーニングプログラムを紹介しています。
　それらはボディビル的なものとも違うし、50代にとって無理がないけど効果が出やすいものばかりです。
　筋力を高めて、体を支える力をつけることを目的とした種目を主体に行いながら、その結果、体もカッコよくなっていくという意味合いを込めています。

　例えて言うなら今の体は2トンの車なのに100馬力しかない。それを1.5トンに車重を下げて500馬力に上げていきましょう。しかもエンジンの動力性能が無駄なく、正しく地面に伝わるミッションや足回りに整えながら。
　自分の体をガレージに眠ったままの愛車だと思ってください。50代となった今、昔のように軽快に走らせるために「正しい筋トレ」という整備とチューニングを始めるのです。

パーソナルトレーナー
ユウジ

┌─ QRコードについて

HOW TO DO
BACK LUNGE

　本書で紹介した18種目のうち17種目にはQRコードが付いています。僕のYouTubeチャンネル『sexyfitnes』の該当するエクササイズに飛びます。より詳しい動作が確認に出来ますので、本書と連動してご覧になって頂けると嬉しいです。

50代から始める

CONTENTS

正しい筋トレ

トレーニングプログラム

ユウジ氏に聞く！ パート8

おわりに

ユウジ氏に聞く！

基本事項

聞き手：編集（以下同）

なぜ50代からの筋トレなのか？

——— ユウジさんのYouTubeの視聴者は、どういう層が多いのですか？

ユウジ　もう本当にまるっきりトレーニング初心者が多いですね。「何もできない」自分に対して「どうにかしたい」と思っていて、そこからやり始めたような人が大多数。僕の動画を観てる人の中で経験がある人でもトレーニング歴1〜2年みたいな感じです。

——— そうなのですね。

ユウジ　むちゃくちゃトレーニング歴が長い人は……いるかもしれないですけど、コメントとかを見る限りでは、そういう「0から2年」みたいな人が凄く多いです。

——— それは中高年？　年齢層はわからないですか？

ユウジ　コメントに年齢を書いてない場合には分からないですけど、書いてある場合にはもう50代からが多いですね。男性の場合はもう60代、70代までいますけど、女性は50代が圧倒的に多い。男性はもう少し上の年代までいるという印象です。

——— その人たちって今までトレーニング歴がない人たちですか？

ユウジ　ない人もかなりいますね。

——— ユウジさんは筋トレ系YouTuberの中では初心者向けのコンテンツと言っていいでしょうか？

ユウジ　そうですね。「初心者に楽」という要素がやっぱり強いので。

——— そのカテゴリーに入る感じですね。

ユウジ　「初心者に楽」だからという理由で僕の動画を観ている人が多いです。他の筋トレ系YouTuberは結構ハードな感じの人が多いので。他の筋トレ系Youtuberの中でソフト路線の人もいるかもしれないですけど、ソフト路線でも「体ができてない」と観る側の立場としては物足りないのかなぁ……と感じます。つまり、ソフト路線だとしても筋トレをする人間の体がソフトじゃ駄目みたいです。視聴者が「こうなりたい」と憧れる体にYouTuber自体がなっていないと、「やってみよう」とか「聞いてみよう」とか憧れが湧かないようですね。

——— 確かに。筋トレのコンテンツならば伝える側がそれなりの体をしていないと説得力がないですよね。

ユウジ　僕は昔からそういう考えです。もともとボディビルやフィジークの「大会に出る」とかっ

ていう興味は一切なかったですね。「大会に出る人」の目標は「大会で優勝する」ことで、そういう体はどういう体かというと「年に1回だけいい体」みたいな感じなのです。僕は「デカくない」ですけど、年がら年中いい体でいたい。でも、その「年がら年中いい体でいたい」というのは、おそらく、普通の人も同じで、「年に2〜3日だけいい体でいたい」とは思ってないはずです。普通の人は「大会に出る」とは思わないですよね。「年間を通して引き締まっていて、カッコいい体でありたい」という人がほとんどだと思います。というのもバックランジダイエット（※）がバズった頃に、そういう普通の人が「観てくれている」っていうことを再認識したからです。もともと僕はYouTubeを始める前から今と同じ考えでやってきました。僕のノウハウは「凄いぞ。これがオリジナルだ」と言えるものではないですけど、「大会に出る」人と僕のアプローチは違います。「日常から引き締めていこう」というのが僕の言っていることです。

―― ボディビルダーみたいに「オン・オフ」があるということではないのですね。

ユウジ　そういうことではなく、50代ともなると健康面で「そのまま放っといたら医者に何か言われるよ」という状況になることも少なくないわけです。そう医者から言われてしまいそうな人は「健康的な生活に戻しながらいい体を作る」ってことをしたいわけで、だから「オフの時にはいっぱい食べていいよ。で、最後の3か月だけ絞りますよ」っていうアプローチとは異なります。「日常的にどうやって健康的な生活を取り入れていくか、それを習慣にできるか」ということが大切で、「その最初の一歩としてバックランジダイエットを始めてみませんか？」と僕は提案している。

※バックランジダイエット　ユウジ氏の名を一躍広めることに貢献したバックランジ（20頁参照）を行うことで体脂肪を減らすダイエット法。

まずは最初の一歩を踏み出すことが大事

ユウジ　まず、最初の一歩として自分がやったことに効果が出ないと分からない、信じ切れない、やる気が出ないですよね。バックランジを行えば足をしっかり動かすし、「ちょっとだけ」カロリーを減らすことで体重も落ちるわけじゃないですか。当たり前の話です。でも、その「ちょっとだけ」に対して、「それは単なる炭水化物抜きダイエットじゃないか」とか「そんなの全体的に20〜30％カロリーを抑えれば済むことじゃないか」とかコメント欄に時々批判があります。けれど、そもそも医者から何か言われるような人たちは、全体的に抑えることができる人たちですか？　そうじゃないですよね。20〜30％ものカロリーを抑制できていたら最初から苦労しないわけです。批判する人はトレーニング歴が10年、15年あって、あるいはフィットネスにのめり込んでる人かもしれません。でも、そうじゃない人の場合、「朝・昼・晩、全部気をつける」なんて無理なのです。まずは最初の一歩を踏み出してみましょうよ。続ければ2キロ、3キロきちんと落ちたという実感がきちんと得られて「次に進んでみようか」となりますから。1個だけの正しいやり方の成果が見えれば、「じゃあ、もう1個エクササイズを増やしてみようか」、あるいは「晩ご飯にお米を抜くのはやったから、お酒をやめてみようか」とか「揚げ物はやっぱりやめてみようか」というふうに、一歩ずつ進んで行けます。

──── ちょっと先に確認していいですか？　そのバックランジダイエットに関しては、1か月後には成果が出るって考えていいのですか？

ユウジ　はい、そうですね。

──── 夕食のご飯＝炭水化物を抜く……最初に「1個やめる」のはそこですね？

ユウジ　そうそう。「1個だけコントロールできるという自分」を作ってほしいのですよね。僕みたいな食事したらもっと減りますよ。だけど、それは「20個やめる」をやらなきゃいけないから。20個はできない。

──── ユウジさんって、こうやってコーヒーを飲んでいても砂糖やミルクも摂らない。何かをやめるっていうのが結構多いのですか、やっぱり……。

ユウジ　平日は牛肉・豚肉は食べないのと、もちろん揚げ物は食べないし、お菓子を食べないですね。

──── 加工品も食べない？

ユウジ　食べないです。あとは食べる時間とか配分ですよね。基本的に時間をずらさないので。僕は自営業なので自分で決めた時間にしか食べないですけど、多少ずらすことはあります。炭水化物の配分も、ドカッと多く食べるとかじゃなくて「今日は何時から何時まで、こことあそこでこのくらい食べよう」みたいに、当日決めます。

脂肪は落ちるが筋肉は簡単につかない

──── なるほど。でも、ユウジさんって筋肉の育成を仕事にしているから、それができるわけじゃないですか。自営業だからある程度時間の自由も効きますよね。でも、私のようなデスクワークのサラリーマンとか、職業は何でもいいのですけど、基本的に労働者のマジョリティって、どっかの会社に勤めているから「縛り」がある。ボディビルやトレーニングの本の中に「カタボリック（123頁参照）にならないように2時間おきに食事は6回から8回に分けたほうがいい」って書いてあるものもあります。私はそれを読むと「無理だよね」という気持ちになる。そりゃ、頑張ればできるかもしれない。でも「お前、そんなことしていたらクビになるぞ」と。勤務中に筋肉のことに思考が行くと、仕事が集中できないじゃないかと。仕事中は筋トレとか食事とか全て忘れたほうがいいと思うのですよね。私は昔から巷のトレーニング情報に対して疑問を感じること多かったんですよ……どう思いますか？

ユウジ　もちろん僕と同じように「20個やめる」必要もないです。最初にバックランジのところで提案する「1個だけ」やってみて、1個から2個、3個、「お酒は毎日はやめとこうか」「揚げ物だけ抜こうか」だけができたら、あとは普通の定食を食べる。それ以上あまり考えないほうがいい。「普通の定食を3食程度はやってくれ」って思います。その程度が別に食事のゴールで構わない。あとは、せめて20回3セットのバックランジをほぼ毎日やるかとか。やっていくことでベルトの上に乗らないお腹ぐらいは作れると思うのですね。

──── そうですか。まずそこからやってみようっていうことですね。

ユウジ　そう、まずはベルトの上に乗らないぐらいお腹になりましょうよ。それは別に体脂肪13〜14％なら行けると思うのですね。それ以上、カッコよくなれるかっていうのはもうちょっと時間が取れるかによります。でも、筋トレ未経験の50代は、若い時と一番

変わってしまったお腹だけが一番気になるわけで、まずそれを解決したい。それを解決したら、今度は次の目標が見えて来るみたいになってくるわけなので。

—— つまり、7〜8割の50代が求めていることはお腹を引っ込めたいと。「まあまあ」のいい体になれればOKってことですよね。けれど、お腹は引っ込むかもしれないけど、筋肉ってそんなに簡単につかないじゃないですか。「ちょっとだけ」やって筋肉ってつくものですかね？

ユウジ　そう簡単には筋肉はつかないです。だけど、衰えるのは食い止めなきゃいけないし。50代、これから10年、20年という時間に普通の人ってどうなるかっていうとやっぱり必ずおじいちゃんになっていく。それにいかに抗うかっていうことが必要だと思います。

醜いまでに膨れ垂れ下がったお腹……

その反面、

ますます貧弱になっていく腕と脚…

あぁ…これが50代の現実よ

筋トレ 01 バックランジ

難易度 ★★★

┌─ 効果のある部位

大腿四頭筋
ハムストリングス
内転筋
大臀筋

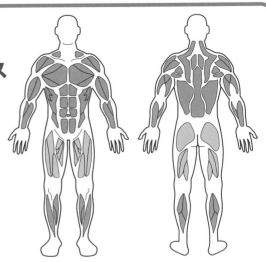

脚のエクササイズなのに
お腹の脂肪が落ちる！

今の生活は普通ではありません。

人間は、昔はもっと脚を使っていた動物です。

車や電車で移動し、座る仕事の時間が長い生活を20年、30年と続けていると脚の筋肉は退化し、それが体脂肪の増える原因となっています。

バックランジは脚の筋トレです。

しかし、単に脚を鍛える、筋肉をつけるというものではありません。

バックランジでは腰、お腹を含め、そこから下の全ての筋肉を使います。

それは全身の70%を占めると言われ、大きな筋肉を動かせば、大量のエネルギーを消費します。

筋トレは無酸素運動なので使うエネルギーは糖質です。

糖質を大量に消費することで、消費が摂取を上まっていけば中長期的に体脂肪は減っていくのです。

バックランジを行うと脚を使っているのに、結果、多くの体脂肪が存在するお腹のぜい肉も落ちていくことになります。

自体重で2本脚のスクワットを行うのと比べて、1本脚のバックランジは脚にかかる負荷が単純計算で2倍になります。

そのため自体重でありながら運動強度が高く、エネルギー消費の高い体を作り、運動後の代謝も大きく上がります。

バックランジは道具なしで、室内であれば雨でも行えます。

いつでもどこでも出来るためダイエットが成功しやすいのです。

ジョギングに比べるとバックランジは5分の1の時間で済みます。

体がシャープになることで、軽く感じるという嬉しい結果がついてきます。

動画は
コチラから

HOW TO DO
BACK LUNGE

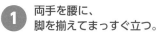

20回 3セット

① 両手を腰に、
脚を揃えてまっすぐ立つ。

床から1㎝

② 目線は正面。息を吸いながら片脚を後ろ
に下げる。前足のかかとを踏みしめ、後
ろ脚の膝を床から1㎝の深さまで下げる。
重心は前7：後3にする。上半身はまっ
すぐ垂直。後ろ足のかかとは真上に向か
う。急がずに頭の中で1、2と数え、前
足のお尻を使ってかかとを踏む。

③ 息を吐きながら
動作①の位置に戻って
立ち上がる。
左右交互20回で1セット
3セット行なう。

⚠ 注意点

✕NG!
膝を内側に入れない。

✕NG!
膝をつま先より前に出さない。
上半身を前に倒さない。
下を向かない。

✕NG!
前足は拇指球を踏まない。

✕NG!
後ろ足のかかとを後ろに押さない。

本格的に筋トレを始める前に
1日、たった3分で痩せる

たった3つのことを毎日やるだけ！

体脂肪を落としたくても、いきなりプロのような完璧な運動プログラムで完全な食事管理でダイエット出来る初心者はいません。

けれど、早く結果を出したいですよね？

そこでプロがやっていることの本質的な部分だけを取り出し、究極にシンプルな形として、やるべきことを3つだけにしました。

しかも時間は1日3分。これなら初心者でも実行できて続けられる。

実際に多くの人が1か月目で十分な結果を出しています。

やるべきことは、次の3つだけです。

❶バックランジ20回
3セットを毎日やる！

バックランジを20回行い、30秒休憩。それを3セット繰り返します。

時間にして3分。

ただし、それを毎日です。

最初の3日ほどは強烈な筋肉痛がありますが、それ以降は「日常の運動」になります。

とにかく毎日やって下さい。

次第に階段を上がるのと同じ程度の運動になります。

肝心なのは「脚を動かす運動をすること」、「毎日消費すること」です。

エネルギーを大量消費し、ホルモン分泌が活発になり、代謝が上がり、体脂肪が減ってきます。

時間は朝でも夕食前でもいつでもOK！

無理なく、毎日できる時間帯を選んで下さいね。

50代に知って欲しい
バックランジダイエット

❷夜の炭水化物を抜く！

食事においては1つだけ管理することがあります。

それは毎日、夜の炭水化物をゼロにするということ。

お米、パン、パスタ、麺類、イモ類を一切摂らないで下さい。

おかずは普通に摂っても構いません。

これだけでも体脂肪の減少にかなり影響があります。

食事管理をあれやこれやと完璧にしようとすると必ず挫折します。

たった1つなら毎日実行できるでしょう。

これが全てとは言いませんが、最も効果のある方法の1つです。

この1つを毎日実行して結果が出ると、次のステップへ進める人へと進化します。

まずはこれ1つをやることが大事なのです。

❸水を1日2L以上飲む！

　1日に2L以上の水分を摂ります。

　体の大きな人はもう少し多めに飲みましょう。

　2Lの中に食事中の飲み物、コーヒー、お茶などが含まれていても問題ありません。

　ただし、飲み物は全て無糖のものを摂るように心がけましょう。

　体内のシステムを回すために絶対必要な水。

　水が足りない状態では、体脂肪燃焼も万全に進みません。

　女性には大変ですが、2Lくらいは頑張れば飲めます。

　常に水筒、ペットボトルを持ち歩き、1日を通してチビチビ飲めば大丈夫です。

❶〜❸を毎日続ける！
絶対に続ける！！

❶〜❸を毎日続けた多くの人が、1か月目で2〜4kg程度の体脂肪が減っています。

簡単→続ける→少し結果が出る！→戻りたくない……→さらに続ける→もっと結果が出る!!

このサイクルがとても大切です。

本書を読み進める前に、今から始めてみて下さい。

まずはバックランジから始める。

そして、読み進めながら自分に必要なエクササイズを付け足していくといいでしょう。

ここから始まり、全てが変わっていきます！

簡単
▼
続ける

まずは
1か月
チャレンジ

▼
少し結果が出る！
▼
戻りたくない……
▼
さらに続ける
▼
もっと結果が出る!!

クランチ

難易度
★★★

効果のある部位

- 腹直筋
- 外腹斜筋
- 内腹斜筋
- 腹横筋

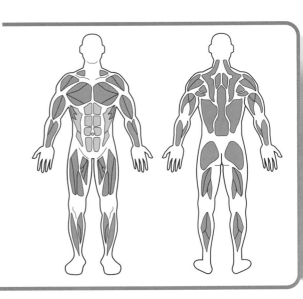

緩んだお腹の原因を断ち切る！全ての腹筋運動のスタート地点

実は座っていると腹筋にとってマイナスの力が働いています。

座ってパソコンに向かう姿勢になると、お腹の中の圧力は斜め下前方に押し出される方向にかかり、腹直筋と腹横筋は空気が入った風船のように内側から押されて引き伸ばされている状態になっています。

デスクワークであれば、その圧力は8時間も10時間も続きます。

50代ともなれば20年も30年もかかり続けているのです。

そうなると体型は膨張した形にどんどん変形していきます。

体脂肪の問題ではなく腹筋自体の緩みが大きな問題なのです。

その改善のためにはこのクランチをぜひ行って下さい。

単に腹直筋を伸縮させるだけの腹筋運動ではなく、お腹という筒の直径をひとつ小さくするように絞り込みながら、同時に腹直筋を6個に割るのがクランチなのです。

全ての腹筋運動の基礎であり、クランチを身につけないで他の腹筋運動はやるべきではありません。

これがお腹引き締め、シックスパックのスタート地点です。

HOW TO DO
CRUNCH

動画は
コチラから

15回 3セット

準備動作（押し潰し）

膝を立て仰向けに寝る。手は頭の後ろ。
通常反っている腰の部分と床の隙間を腹筋で潰し、尾てい骨を上げる。
ハッキリ確認できるまで何度も行う。

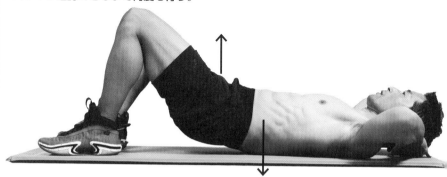

① 膝を約90度に曲げ、持ち上げる。スネは水平よりやや高く。
この状態で準備動作（押し潰し）と「尾てい骨持ち上げ」を行う。
運動中は絶対に尾てい骨を常に持ち上げ続ける。

90度

2 息を吐きながら、お腹の筒を小さくし、背中を持ち上げる。
尾てい骨と背中が浮き、胴体が丸まった状態。
トップでは息は完全に吐き切り、腹筋が収縮したところで
頭の中で1、2と数えて止まる。

3 ゆっくり息を吸いながら背中を下ろす。
ただし、尾てい骨は常に下げない。
上半身のみ一連の動きを繰り返す。
15回3セット。

⚠ 注意点

✕NG!
尾てい骨を下ろさない。

✕NG!
首を曲げておでこを高くしない。

プッシュアップ

難易度
★★★

効果のある部位

- 大胸筋
- 三角筋
- 上腕三頭筋
- 外腹斜筋
- 内腹斜筋

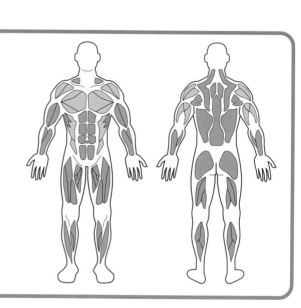

大胸筋だけじゃない！
理想的な体幹運動!!

　プッシュアップ（腕立て伏せ）は大胸筋を鍛えるだけのものだと思っていませんか？

　もちろん大胸筋に負荷をかけて伸縮させる運動ですが、ベンチプレスとはかなり違うのです。

　ベンチプレスは仰向けに寝て背中をベンチにつけ、両手がバーベルに固定された形ですが、プッシュアップはうつ伏せで両手両足を床に固定した形で行います。

　そのため、この姿勢で体を維持するにはお腹、脇、腰という体幹部を強く使っているのです。

　プッシュアップでは腕を伸ばした「上がった」状態ではもちろんですが、腕を曲げて「下がった」状態では、より強烈な体幹の力を必要とします。

　つまり、プッシュアップは大胸筋だけの運動ではなく、同時に体幹も強くする筋トレとなります。

　腕を動かしながら体幹を維持するというスポーツでの体の使い方に近い、実はとても高度な運動なのです。

　座ってる時間が長いデスクワーカーには非常に理想的なコンディショニングトレーニングとも言えます。

　男らしさの象徴「大胸筋」を逞しくし、さらには体幹の筋力が上げ、身軽に動きやすい体にさせるプッシュアップ。

　これをやらないわけにはいきません。

動画は
コチラから

HOW TO DO
PUSH UP

10回 3セット

準備動作

手幅を決める。うつ伏せ状態で胸をつけ、前腕が垂直になる手幅にする。
チラッと前を見る頭の位置。
股間から喉元までを縦に伸ばすように、軽く胸を張る。つま先は軽めにつく。

1 まっすぐな体勢から、息を吸いながらゆっくり下ろす。
軽く頭を上げたまま、まっすぐな姿勢を変えないよう
床ギリギリまで胸がつくくらいに下ろす。

30

2 姿勢、頭の位置を変えないよう、
息を吐きながら腕だけ動かして一枚の板のように上がる。
10回3セット。

3 下まで下ろせない人は、一直線の姿勢を維持したまま
上半分だけを繰り返すだけでOK。

⚠ 注意点

✕NG!
頭を下げない。
猫背にならない。
胸をへこます姿勢は
一瞬たりとも取らない。

✕NG!
足の方に体重をかけ過ぎない。

ユウジ氏に聞く！

パート ②

- ジムか？　自宅トレーニングか？
- 50代が目標とするべき体
- トレーニング頻度
- トレーニング強度

ベンチプレス・スクワット・デッドリフトって必要？

—— 本書ではユウジさんが18種目のエクササイズを提案しています。巷のトレーニング本で紹介されるような種目があまりないじゃないですか。それが「凄くいいなぁ」と思います。私は昔、ボディビルの専門誌に連載を持つ有名なパーソナルトレーナーについてもらったことがあるのですが全然合わなくて。その人はとにかくビッグ3（ベンチプレス・スクワット・デッドリフト）を重要視していました。ビッグ3信仰者は少なくないですよね。

ユウジ　ビッグ3は基本として出来たほうがいいのですけども、それを重い重量でやっていく必要があるのか？　ということですよね。僕は一般の人にはそこまで追い詰めないでやってもらっています。そもそも一般の人は体の土台ができてないので限界までできません。

—— ユウジさんの言う一般の人と言うのは、クライアントの中でもビルダー（ボディビルダー）やフィジーカーではない普通の人ですよね。

ユウジ　はい、そうです。

—— ビッグ3はアスリートとか運動神経がよくて基本のベースがある人には向いているけど、ハードルが高いと思います。初心者でベンチプレスから始める人は多いですが、胸に効かせるのが実は難しい。私は体型的に胸が張りにくく、ベンチプレスは苦手です。やってもパンプ感を得られません。もっと大胸筋を筋肥大させてくれる人がいたら「別途報酬を差し上げます！」って感じなのです。だからこそ有名なパーソナルトレーナーをつけたのですが、駄目でしたね。必ず1種目にベンチプレスをやらせたがるので……。

ユウジ　もちろん元々の体型もありますが、胸の種目でもまず背中の柔軟性があるか、つまり肩甲骨を寄せてきちんと反るだけの体があるかどうか、そういうことが重要なのですね。背中で締めておく力がないと、胸への負荷が逃げてしまう。後ろ側のベントオーバーローやデッドリフトで背中を締めることを覚える。それができる筋肉を作っておかないと

なりません。

―― ドルフ・ラングレン（注1）が肩甲骨でボールペンを挟みながらベンチプレスをやって
いたというエピソードを先日、お話ししていましたよね。

ユウジ その方法でも構わないですけど、ダンベルのベントオーバーローでも中ぐらいの重さで、
きちんと吐いて締めて「背中がギュッと締まる」っていうのを、少々時間をかけてでも
行うなど、胸のエクササイズを行う時に肩が上がらないような体を作ることが必須です。

―― トレーニング用具で自転車のサドルみたいな形をしたベンチに巻きつけるパットがあ
るじゃないですか。パットの突起を肩甲骨に当てることで、自然と胸が張れて肩も上
がらないフォームになるという。一時、某老舗メーカーから販売されていたのを私、
買いましたもん。その昔、ハワイ在住の著名なビルダーがいて、撮影のために彼の元
を訪れた日本人カメラマンが自分のトレーニング用にそのパットを持参していて、そ
れを見たビルダーが「これはいい！　俺に譲ってくれ」とパッドを離さなかったという
逸話があるくらいで。何が言いたいかというとトレーニング初心者から上級者まで胸
が張れないって悩む人は少なくないですよね。

ユウジ 中高年になると特に胸が張れません。長年のデスクワークで僧帽筋が伸び切り、肩甲
骨は開いたままになっていますから。僧帽筋を収縮させて肩甲骨を寄せる力が相当弱っ
ています。猫背のショボーンとしたポーズになり、ベンチプレスをやっても胸を張れ
ずに肩が上がってしまいます。

ジムに行くべきか？　自宅トレーニングで十分？

―― 夏になると「ジムに行かなくちゃ」とか言い始めますよね。「ウエイトトレーニング＝ジ
ム会員」みたいなイメージが世間にはある。今はコンビニジムと呼ばれる気軽な施設も
増えました。自宅でトレーニングを行う人も少なくありません。

ユウジ 自宅で普通に8割ぐらいのことはできます。

―― できます？

ユウジ 8割ぐらいのことはできます。ダンベルとトレーニングベンチさえあれば8割ぐらいの
ことはできる。一般の50代であれば、トレーニングの9割、9割5分は自宅でできます。
あんまり多く言うとジムで怒られちゃいますけど（笑）。できないのは何かと言うと懸
垂ができない。けれど懸垂器具を買えば解決します。ベンチプレスができない。でも
一般の人にとってベンチプレスがなくても全く困りません。ダンベルプレスで十分だ
し全く問題ない。あとはスクワットができない。スクワットができなくて困るかどうか
というと一般の人は困りません。家で4歩ぐらい歩けるウォーキングランジをやる、ま
たはこの本で紹介するブルガリアンスクワットやバックランジをやれば全然問題あり
ません。強いていえばデッドリフトやベントオーバーローの時にバーベルでの高重量
を自宅でやるかやらないかの問題だけなのですね。

―― バーベルは特別高価ものでない限り、買えなくもないですしね。

ユウジ いや、必要ないです。別にバーベルがなかったとしてもいい体になれますから。

―― 自重（自体重）トレーニングも選択肢としてあるじゃないですか。「自重トレーニングで

はデカくならない」って言っている人がいますよね。「無理だよ」って。私はベトナムに行くことが多いのですけど、ベトナムには街の公園に高い確率で自重トレーニングできる設備があります。筋トレの器具が併設されたカフェも結構あります。コーヒーを頼まないと利用できないかっていうと通りすがりの人も利用している。だからジムの会員になる必要性を感じない。もちろん、ハードコアなジムも沢山あって、もっと真剣にやりたい人は「そちらへどうぞ」という感じです。日本には筋トレができる公園やカフェは少ないですよね。「あればいいのに」っていつも思います。

ユウジ 中国に結構ありますよね。

───── 日本の至る所にトレーニング施設はありますけど、利用するには「会員になって研修を受けて下さい」って言われる。そうではなくて、ふらっと立ち寄れる街の公園の中にトレーニングエリアがあればいいなと思います。私は外で行う懸垂とディップスが凄く好きですね。ラットマシンプルダウンとか重い重量をやりたがる人でも懸垂をやらせると1回もできない人とかいるじゃないですか。ベンチプレスで120kg挙がるぜと自慢されてもディップスがまともにできなかったら、それってどうなの？　と思います。それはさておき、聞いておくべき肝心なことがあります。ユウジさんのような体になると相当大変なことですよね？　ボディビルやフィジークや大会に出ている人がレベル10だとすると、ユウジさんはどのレベルですか？

ユウジ レベル9かレベル8とか。

───── レベル9？

ユウジ レベル9かレベル8とかのどっちかで（笑）。

───── 本書の目標とするレベルはいくつでしょうか？

ユウジ この本だとレベル5ぐらいですね。本の中で「ここからここまでやって」と提案していますが、ケガをしない程度のレベル5ぐらいを目標に設定しています。競技としてのボディビルやフィジークや大会に出る人は、もっとずっと上のレベル10、頂点にいるので。ドーピング検査の徹底した国内の大会に出ている人であったとしてもトレーニングのレベルが普通じゃない。やっぱり重量とかもびっくりするぐらい重いですから参考にはならない。他のスポーツ選手もみんな人生懸けてギリギリやっているので、どうしてもケガをする危険性があります。

───── そのぐらいやらないと「筋肥大しないよ」って言いますもんね。

ユウジ いや、チャンピオンになるにはね。

───── チャンピオンレベルの筋量を作るためにはそのぐらいやらないと「筋肥大しないよ」という意味ですね。

ユウジ 僕自身のためにやっているトレーニングは、彼らがやっているレベルの一個下の段階ですよ。これ以上やったら、これ間違ったら、ケガするよっていう一歩手前。そのでも一般の人にはやっぱり大変っちゃ大変だと思うのでそこまでは……お勧めできない。

50代が目標とするべき体とは？

——— そうなのです。本書では「ユウジさんのような体になりましょう」と提案しているわけではありません。この本が目標とするレベル5というと、50代男性でいうと誰ですかね？俳優の西島秀俊とか？

ユウジ あの人は引き締まっている。体重はないですけどレベル的には結構上にいます。

——— かなりやり込んでいますよね。西島秀俊はレベル7.5とかレベル8くらいですかね？

ユウジ それくらいですね。けれど、あそこまで絞れなくてもいいですよ、お腹に関しては。この間も50歳の人が自分のお腹を差しながら「このぐらいまで落ちたのだけど、ここからが落ちなくて」とか言うので、「えっ？」って思いました。短パンからポッとお腹がハミ出すわけではなく、まあ、掴んだら脂肪は2センチあるのかもしれませんが、一応お腹は平らなのです。西島秀俊のように腹筋が割れるまではいかない。力を入れるとちょっと腹筋があるかな、ないかなという程度。だから「太っているという印象はないですし、別に腹筋は割れなくてもいいですよ。それより背中、胸、肩を作ってTシャツを着た時にカッコよければいいじゃないですか！」って言いました。

——— そもそも50代にもなるとハダカを人に見せることってないですしね。

ユウジ はい。うちも子どもが幼稚園の時はプールに行ったりしましたけど、もうそれ過ぎたらないですからね。

——— そうですよね。若い女の子にハダカを見せるとかそういう機会があるならばモチベーション上がってやるかもしれないですけど。

ユウジ 一般の50代はそんな機会は「ない」に等しいですよ。Tシャツを着た時にいかにカッコいい体を作るということを目標にしたらいいと思います。

——— Tシャツを着た時に？

ユウジ はい。腹筋を絞っちゃうと背中、胸、肩のボリュームなくなっちゃうのです。だから、Tシャツを着た時には上半身にこう張りがあって、パッと見た時に結構いい体をしていますね！と言われるような体を目指しましょうよ、と。

——— それって体脂肪率14％とか15％とかですか？

ユウジ 体脂肪率13〜14％ぐらいを目安に。それ以下になることを目指さなくていいです。

——— 体脂肪率は普通にジムに置いてある体組成計（124頁参照）で測ればいいのですか？

ユウジ はい。家で測る体組成計とジムの体組成計とちょっと数値が違って家のほうがちょっと高く出たりしますけど。体脂肪率が一桁になると腹筋が割れてきますが、多分きつくなって疲れます。体脂肪率を一桁まで目指さなくていいかなぁと思います。「腹筋を割りたい」ということになると、この本の目標とするレベルから2段階以上レベルが上がってしまいますから。

トレーニング頻度について

―――― ユウジさんは「筋トレは完璧じゃなくていい」と言っていますよね？　トレーニングを行う頻度についてお聞きしたいのですが、例えば週に……。

ユウジ　正直言うと「何かをやっているのが頻繁にある」というのが理想的です。「週に1回、2時間ぐらい滅茶苦茶トレーニングして6日やらない」ということではなく、「少しずつ、しょっちゅうやる」という。

―――― それは「1週間のうちに5日ぐらいは10分とか15分やったほうがいい」ということですか？

ユウジ　そうそう、そういう感じです。「1日15分、週5日やります」だったら、ざっくりしたメニューになりますが、「上半身→下半身→上半身→下半身→上半身」のように、日によって体を交互に鍛えてみるとか。ヘトヘトになるほどやらなくても、Tシャツが似合うカッコいい体なれます。

―――― 本書の18種目の中にダンベルプレスがあります。例えば1週間に1回やったら、次は1週間後にやればいいのですか？

ユウジ　いや、普通の人の場合は週2です。

―――― 週2？

ユウジ　3～4セットで終わりなので週2です。

―――― 週2で同じ種目をまわすイメージですね。

ユウジ　同じ種目をやったら他の種目をやります。15分で終われるように。特に自宅トレーニングの場合には1時間のプログラムはお勧めしていません。気持ちが重くなってきて、やらなくなる危険性があるので。15分ぐらいなら「今やろうかな」と思えるので継続できます。トレーニングは「時間を長く設定しない」「ボリュームをいっぱいやろうと思わない」というのが成功の秘訣です。

―――― 1種目のダンベルプレスは胸なので、2種目は背中のダンベルベントオーバーローとか……1日2種目ですか？

ユウジ　トレーニングに慣れてきたら1日3種目が望ましいです。例えばプログラムAが「胸・背中」だとすると、もう一つのプログラムBは「肩・脚」とかね。お腹の種目はA、Bのどっちかに付ければいい。

―――― A→B→A→B→A→Bとプログラムをまわしていくのですね。

ユウジ　1日、15分で終われると思います。例えば「週2日しかやれない」人向けとか、「15分だったら週5日やれる」人向けとか、そういうちょっとパターンを変えてやって行くプログラムをいくつか提示しようと思います。

―――― 1日、15分は素晴らしい。そうであれば仕事や日常生活に支障をきたすこともなさそうですね。トレーニングプログラム、つまり18種目中から組み合わせたプログラムは他のページ(112頁参照)で紹介します。

トレーニング強度について

——— トレーニング強度っていうとやっぱり重量になりますよね。自宅だとやれる重量に限界があるような印象があります。

ユウジ ウエイトトレーニングには重量が必要なのですけど、バーベルやダンベルの使い方、効かせ方でかなり違ってくるので。先ほどお話した50歳のお腹が気になる人の場合ですが、パッと見た目は体ができているわけでない。「ダンベルプレスは17kgとか18kgでやっている」と言うから、聞いた瞬間に「ちょっと重過ぎないですか」って言いました。僕がチェックしたら、ただ重いやつを挙げていました。そもそもきちんとダンベルを下ろしてない。正しいフォームに矯正すると重量は10kgから12kgがギリギリでしたね。

——— あ～わかります。12kgのダンベルプレスをやっていたら、ちょっとカッコ悪いからって見栄を張りたくなります。

ユウジ 人に見せるためにやる必要は全くありません。強度に関しては「正しいフォームで10回ギリギリ出来る重量」を選択すればいいだけなので。見栄は要らない。

——— そうですよね。横川さん（注2）でしたっけ？　あの人が「とにかく効かせることを初心者の時から念頭に置いていた」という趣旨のことを言っています。「効かせる」ということは大事ですよね？

ユウジ 横川君のその話はレベルがまた違うのですよね、チャンピオンだから（笑）。結局、普通にジムに行っても重い重量でガンガン上げている人の中でも、体がカッコよくない人がいて……。

——— そういう人はいっぱいいますよね。

ユウジ それは使うべき筋肉で正しく挙げられてないからカッコいい体になってない。ダンベルプレスにしてもただガンガンやっているだけだから。やっているようで結局やってないわけですよね。何がカッコいいか、カッコ悪くないかといえば、重いのを挙げる人がカッコいいのかというと全くそうではない。カッコいい体をしている人がカッコいいのです。

——— それは名言ですね。私は浪人生だった頃、中野にあった「日本のボディビルのメッカ」と呼ばれた某ジムに通っていて、そこにはスキンヘッドの名物トレーナーがいたのですけど、その人から言われたのは「効くラインを早く見つけるんだ。それが一番トレーニングの近道だよ」って。「重さは気にしないで効いていると感じられるラインを探したほうがいいよ」と。「ライン」ってダンベルやバーベルを挙上する際の軌道ですけど、例え軽い重量でも筋肉が最も辛いと感じる軌道を探せってことですよね。

ユウジ まあもちろんそうですね。

【注1】　ドルフ・ラングレン：極真空手出身の俳優。映画『ロッキー4/炎の友情』（日本公開1986年）で、ロッキーの親友のアポロをリングで殺し、ロッキーの宿敵となるソ連人ボクサー・ドラゴを熱演し、現在の地位を築く。役作りのためにウエイトトレーニングを行い、10kg以上のビルドアップに成功したことが当時話題になった。

【注2】　横川さん：2019年、25歳という史上最年少（当時）でミスター日本に輝いた横川尚隆氏のこと。タレントとしても活躍中。

50代が目標とするのはココ!!

そもそも人前でハダカを見せる機会って減っていますよね?

レベル6

レベル5

Tシャツを着た時にカッコいい体

俺はマイナスかよ

レベル0 レベル1 レベル2 レベル3 レベル4

・そこまで厳しい食事制限をせず、そこそこのトレーニングでまあまあカッコいい体を手に入れる。

←一般人ゾーン→

" こちらのゾーンに入ると
素晴らしい体が手に入りますが…"

高強度・高頻度のトレーニングをする必要に迫られる.

徹底した食事管理の必要に迫られる

プロテインやサプリメントを購入する必要に迫られる

ケガをする危険がついてまわる.

筋肥大を第一に考える生活習慣を送る必要に迫られる

・お酒はそれほど飲めない.

・夜更かしは、それほどできない

・旅行中や出張中でもトレーニングのことが、頭から離れないかもしれない

・仕事が忙しくてトレーニングに時間が割けないと脱サラして、ジムを経営したいとか考え始めるかもしれない…etc

←―――――― マニアックゾーン ――――――→

ダンベルショルダープレス

難易度
★★★

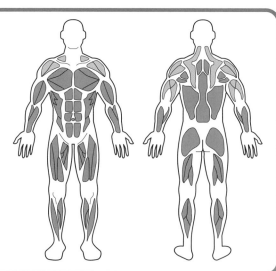

効果のある部位

- 三角筋
- 上腕三頭筋
- 僧帽筋
- 前鋸筋

半世紀も生きてきた結果、落ちしまった肩を引き上げる！

重さあるものは垂れます。

体の中で重さがある部位は何十年も生きていると、いろいろなものが垂れていきます。

男も女も同じです。

腕も垂れます。

正確には肩が垂れてしまいます、腕の重さで。

何kgもある腕が、重力によって肩を下に引っ張り続けているのです。

50歳になる頃には、肩の位置が僅かですが、20歳の頃よりも下がってしまいます。

その僅かな違いが、なで肩・猫背の肩を作ってしまうのです。

しょんぼり肩の中年になってしまうのは、デスクワークだけが原因ではありません。

耳の真横で肘を伸ばした状態で腕を上げることが出来なくなっていませんか？

もし出来なければ、あなたの肩は垂れています。

これ以上肩を下げないために、いや、上げて戻すためには、腕を上げるトレーニングを頻繁に行うしかありません。

そのために非常に役に立つのがこのショルダープレス。

ショルダープレスはダンベルを頭上に持ち上げる運動です。

ただ腕を上げるだけでなく、ダンベルという重りを持ち上げることで、三角筋、僧帽筋を強く収縮させ、押し上げるパワーをつけることが出来ます。

下がったものを押し戻し、今後も重力に負けないようにするには三角筋、僧帽筋の筋力をつける方法しかありません。

また、ショルダープレスでは伸び切ってしまった僧帽筋を収縮できる筋肉に戻すというストレッチとは逆の効果が期待できます。

これこそが50歳以上には必要。

そんな失ったものを取り戻し、Tシャツ姿が映えるガッチリとした肩を作るのがショルダープレスなのです。

ベンチがない場合は
立ってやってもOK。

動画は
コチラから

HOW TO DO
DUMBBELL SHOULDER PRESS

10回 3セット

1 足は肩幅程度にベンチに座り、
ダンベルは耳の真横の高さで水平に。
前腕が垂直になる位置がスタート位置になる。

⚠ 注意点

✕NG!
トップで前腕を倒さない。前腕は垂直に。

✕NG!
ダンベルをつけない。

息を吐きながら、肘を上方向に押し上げる。
左右の前腕は互いに平行・垂直を維持しながら上がる。肘は伸び切らない。
30cm開けたところで1秒間止める。息は吐き切っている。
ダンベルを上げる軌道はこめかみのライン。
その後、息を吸いながら耳の高さ(動作❶)まで戻す。

✕NG!

ダンベルを前方に押し出さな
い。腰を反らない。

ダンベルデッドリフト

難易度 ★★★

効果のある部位

- 脊柱起立筋
- 広背筋
- 僧帽筋
- 菱形筋
- ハムストリングス
- 内転筋
- 大臀筋

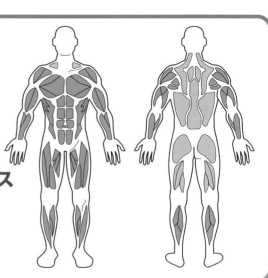

座りっぱなしの弱った腰に効く！

「腰」とは体を示す月偏に要と書きます。

つまり、体にとって非常に重要な部位なのです。

しかし、今の時代の腰のあり方はとても危ういものになっています。

パソコンとインターネットの発達により、仕事で座ったままという時間は昔と比べて長くなっています。

座った状態では腰が丸くなって、そこにある脊柱起立筋は伸びた状態です。

座る時間が1日8時間、10時間と続き、電車でも、家でも座っている。

その結果、脊柱起立筋は長時間伸ばされ続けているのです。

このような状況では脊柱起立筋はもはや正しく収縮することが出来なくなっています。

腰から首に至るまでの脊柱のS字カーブが適正な状態ではありません。

伸びた脊柱起立筋が腰を反ることを難しくしているのです。

長年デスクワークをしているほとんどの人がこれに陥っています。

デッドリフトは「脊柱起立筋を鍛える」運動とされ、その他の背中の筋肉やハムストリングスと一緒に大量のエネルギーを消費するため、代謝を上げて沢山の体脂肪を燃焼させます。

それだけでなく初級者にとっては「脊柱起立筋の収縮を練習する」運動なのです。

デッドリフトによって本来あるべき腰の反りを取り戻すことで、腰痛予防にもなります。

そもそもデッドリフトは脊柱起立筋、大臀筋、ハムストリングスと一緒に物を持ち上げる動作です。

日頃からこの動きをすることで簡単には腰痛にならなくなります。

さらには姿勢も正しくなることで溌剌として活発に見えるという絶対に欠かせないエクササイズ。

重いダンベルは持たなくてもいいのです。

軽めのダンベルで行っていくだけでも体には大きなメリットがあるので、超お勧めです。

動画は
コチラから

HOW TO DO
DUMBBELL DEADLIFT

10回 3セット

1 足幅20cmほどで、ダンベルを体の前に構えて立つ。
胸を持ち上げ、肩甲骨を少し閉じ、少し出っ尻の状態。

2 息を吸いながら、
胸を持ち上げた状態を
維持しながら、膝を緩め
出っ尻を強調するように
お尻を引く。
45度より少し深い位置へ

息を吐きながら立ち上がる。

✕**NG!**

背中を丸めない。

✕**NG!**

膝はつま先より前に出ない。
下を見ない。

ダンベルベントオーバーロー

難易度
★★★

効果のある部位

・大円筋
・棘下筋
・僧帽筋
・菱形筋

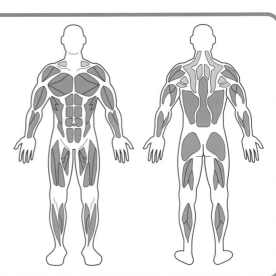

失われた肩甲骨の動きを
取り戻して猫背を改善！

50歳を過ぎた多くの人の肩甲骨はあまり大きく動かず、自由に動かすことが出来ません。

子どもの頃は柔らかい肩甲骨の動きが出来たのに……。

原因はデスクワークです。

長時間座って肩甲骨を開いた状態での生活で、肩甲骨の間の僧帽筋と菱形筋が収縮することをすっかり忘れてしまっているのです。

そうなると肩は下がり、前に出て、常に猫背になり、さらには肩こりや頭痛も引き起こします。

収縮を忘れている肩甲骨周辺の筋肉にはダンベルベントオーバーロウが非常に有効なのです。

このエクササイズでは肩甲骨の間の筋肉だけを動かすことで、収縮できる筋肉へと戻してくれます。

肩の位置が正しいポジションに戻ることで前かがみな姿勢を改善し、肩こりが2週間で吹っ飛ぶこともあります。

また、肩甲骨を自在に動かすことが出来るようになるので、腕を動かすことを優先してしまいがちな背中の筋トレで背中の筋肉を正しく意識できるようになり、逆三角形の後ろ姿を作りやすくなります。

ダンベルベントオーバーロウでは腕やダンベルを動かすことをイメージしないで、自分の後姿を天井から見るように想像しながら背中を動かしましょう。

肩と肩甲骨を中に寄せることだけを意識していくと、より効果的に背中を鍛えることが出来ます。

肩甲骨を自在に動かせるようになることは、地味ですが、なで肩や猫背知らずの颯爽としたボディを作ることには欠かせないのです。

動画は
コチラから

HOW TO DO
DUMBBELL BENT OVER ROW

1 ダンベルを両手に、胸を持ち上げながら出っ尻の状態に上半身を倒す。
膝を緩めてお尻は高め。背中は反らせる。肘を少し曲げてダンベルは後方に構える。

⚠️ 注意点

✕NG!
膝は前に出ない。

✕NG!
猫背にならない。

10回 3セット

2 胸を開くように肩を後ろに回し、肩甲骨を中に寄せる。
この時、息を完全に吐き切る。
息を吸いながら肩甲骨を開いて元の体勢（動作❶）へ戻る。

✕NG!
肘は体のラインを
超えて上げない。

加齢による テストステロンの 減少について

テストステロン補充療法って必要？

——— 50代にもなるとテストステロンが低下します。テストステロンは体内で分泌され、「男性ホルモン」とも呼ばれています。テストステロンは筋肥大を起こすために非常に重要な存在。血中テストステロンレベルは20代前半がピークで、40代を過ぎる頃から次第に減少。50代男性の場合、ピーク時の70～80％までにテストステロンが減少している状態なので、どうしても「若者と同様にトレーニングを行っても筋肉はつきませんよ」という話になってきちゃいます。

ユウジ　そうですね。テストステロンは代謝のスイッチのような働きもするので、中年太りになったり、「年を取って痩せにくくなった！」と、お嘆きになるのもテストステロン低下が原因の一つだったりします。

——— そもそもテストステロン値って体重のように簡単に測れないし、健康診断の検査項目にもないです。テストステロン値が低いのでは？　と心配する人はお医者さんに行って調べてもらうという手もあります。欧米では減ってしまったテストステロンを筋肉注射によって補うテストステロン補充療法が割とポピュラーですよね。

ユウジ　テストステロン補充療法をやるところは日本にもあります。日本でお医者さんがやっているのは、「病気としてテストステロンの数値が下がっている」のに対して注射を打つというのはあるみたいですけど、「筋トレの効果を高めるために」サッと打ってくれるという話はあまり聞かないですけど。

——— そうなのですか。

ユウジ　病気としてテストステロンの数値が下がっていると、体が異常に衰えます、体が疲れます。だから、そういった症状の治療するためのテストステロン補充療法が通常医療として行われているというのは聞きます。

—— テストステロン補充療法はドーピングなのですか？

ユウジ　ドーピングか否かというのは、結局のところ、テストステロン補充療法に使われる薬物が各々の出場する競技大会で決めた禁止薬物に含まれているかどうかによります。禁止薬物の項目にあったらそれはドーピングでしょう。

—— なるほど。

ユウジ　ドーピングというと、いわゆる筋肉増強剤と言われる合成アナボリック・ステロイドをイメージしますよね。そもそも我々の体の中で作られているテストステロン自体が天然のアナボリック・ステロイドです。この自然に分泌されるテストステロン以外は、全て合成アナボリック・ステロイドになります。ドーピングの何が問題かと言うと、合成ホルモンなので健康の人が使用すると肝機能障害などの深刻な副作用を起こす可能性があります。

—— 健康上の問題が一番ということですね。日本では未承認ですが、アンドリオールという飲むタイプのテストステロン錠剤があります。アンドリオールは肝臓を通過しないでリンパ系を介して代謝するので肝臓障害を引き起こさないと言われています。フィットネス文化が根付いたアメリカでは、加齢で減少してしまった男性ホルモンをこういうお薬で補充しながら体を鍛えて、男らしさを取り戻そうと考える中高年は少なくありません。

ユウジ　この本をお読みになる一般の人はテストステロンを補うことを考える必要もないと思います。

—— ウエイトトレーニングにはこうした話が避けられないと思いましたので……。

ユウジ　僕がこの本で言いたいのは「人間として健康な状態を取り戻しませんか？」ということです。人間は犬、猫、猿と一緒の哺乳類です。彼らはどれだけ動いているかを考えてみて下さい。猿なら自然の猿山に暮らしていて、いつもちょこまか動いていて、ステーキも揚げ物も食べてないじゃないですか。人間も子どもの頃は猿に負けないくらい活動的に駆けまわったりしていたのに、大人になるとコテコテしたものを食べながら運動のレベルがゼロになることも少なくないわけです。テストステロンレベル的にも最低でしょう。これを本来の数字に戻していきましょうというお話なのですね。

—— 要は運動不足だってことですよね、一言で言うと。

ユウジ　一言で言うと運動不足。単なる運動不足なのですけど、トレーニングを週1回だけちょろっと少しやっただけで「私やっていますよ」という気になったら、それは違いますよ。動物ぐらいまで戻しましょうというお話です。

—— 栄養に関しては揚げ物とか食ってカロリー過多なわけじゃないですか。栄養摂取に関して気をつけることがありますよね。食事、プロティン、サプリに関してはまた後で詳しくお聞きします(80頁参照)。

レッグレイズ

難易度
★★★

効果のある部位

・腹直筋（下部）

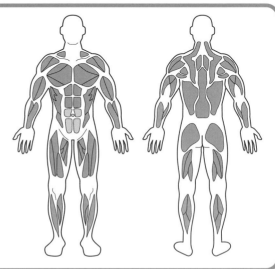

下っ腹の流出を防ぎ、猫背を修正！
大腰筋を強くし、長ションの悩みも解消!!

レッグレイズではお腹の脂肪は減りません。

しかし、それでも重要な「やるべき理由」がいくつもあります。

痩せる痩せないの話ではなく、レッグレイズは欠かせないものなのです。

[やるべき理由① 下っ腹の流出を防ぐ]

レッグレイズは腹直筋の下部を鍛える筋トレです。この部分を中に押し込むための筋力が上がります。この筋力が上がれば、長年の重力で下に下がろうとする内臓と内臓脂肪をせき止め、下っ腹が前に飛び出すことを防ぐことが出来るのです。

[やるべき理由② 猫背を修正]

前述したように下っ腹が前に出ることを防ぐと、骨盤が前傾して腰が反り過ぎることも避けられます。骨盤の傾きが正しくなることで、その上の背骨も正しい位置が保たれ、根元から猫背を修正できるのです。

[やるべき理由③ 大腰筋が強くなる]

日常で歩くことが少ないと股関節をまたぐ大腰筋が弱っています。脚を伸ばして上げ下げするレッグレイズの動きでは、腹直筋だけでなく大腰筋も筋力を発揮しながら運動することになります。これよっていわゆ

る老化で脚が上がらなくなるという危険性を避けることも出来ます。

[やるべき理由④ 長ションの改善]

悲しいことですが、50代ともになるとオシッコの時間が妙に長くなってきます。膀胱からオシッコを押し出す下っ腹の筋力が弱まってしまったことが原因です。つまり、単純にレッグレイズをすることで、ポンプの役割となる押す筋力は上がり、早くオシッコが出せるようになるのです。

動画は
コチラから

HOW TO DO
LEG RAISE

1 仰向けに寝転び、手を頭の後ろに添え、頭と肩甲骨を浮かせる。脚は揃えてまっすぐ。

2 上半身はそのまま、息を吐きながら伸ばした脚を垂直の位置まで上げる。
ただし、この時に脚を上げるのが目的ではなく、
腹筋で腰と床の隙間を押し潰して、尾てい骨を浮かせる。
上がらなくても、上げる力の入れ方をして腹直筋の下部が固くなればOK。

3 全力で腰の隙間を押し潰したまま動作❶の手前、床ギリギリまで脚を下ろす。下ろす時は息をゆっくり半分だけ吸う。かかとは床につけない。

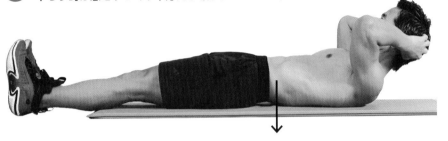

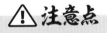
⚠ 注意点

✕NG!
脚を曲げない。

✕NG!
背中を下ろさない。

ワンレッグデッドリフト

難易度

★★★

効果のある部位

- ・ハムストリングス
- ・内転筋
- ・大臀筋

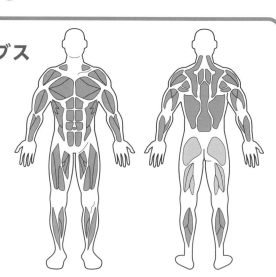

お尻を盛り上げて ジーンズが似合う体型に！

年を取ると女性はお尻が垂れます。男性はお尻が小さくなります。

男性は大胸筋をつけることやお腹の肉を減らすことに気を回しますが、後ろ姿こそ気にかけるべきなのです。

女性は男性の後ろ姿、特にヒップを見ていると言われています。

若い男性と50代男性とではお尻の盛り上がりに相当の差が出てきます。

子どもの頃は走ったり飛び跳ねたりしていたので理想的なお尻をしていましたが、大人になるとしゃがんで立つという動作さえ少なくなり、お尻の大臀筋は退化していきます。「歩く」という動作ではしゃがむほど股関節の角度が大きく変わることがなく、大臀筋を使いません。

筋肉には引き伸ばされた時に負荷がかかると成長を促しやすいという特性があります。

ワンレッグデッドリフトでは、股関節を折り曲げることで大臀筋を引き伸ばし、そこに前かがみになった上半身の重さ＝負荷がかかります。

さらに片脚でこの運動を行うので、左右のバランスを取るために大臀筋がフル活動して体を支えます。

正直、お尻が痛い！　と思うくらい大臀筋に効きます。

大臀筋がしっかりつけば、100メートル走選手のような丸々とした躍動的なお尻を手に入れることになり、ジーンズも似合うことになります。

大臀筋は大胸筋よりも大きな筋肉です。

大臀筋が大きくなれば基礎代謝を上げることになります。

ワンレッグデッドリフトを続けていけばパワフルな後ろ姿が手に入り、痩せやすくなるのです。

動画は
コチラから

HOW TO DO
ONE LEG DEADLIFT

1 ダンベルを体の前に構え、
片脚を15cmほど後ろに、
つま先を立てた状態に置く。

2 息を吸いながら胸を持ち上げたまま、
片脚で出っ尻の体勢になりながら上半身を倒で
膝は緩めて、お尻は高めに。

15cm

左右10回ずつ 3セット

3 息を吐きながら起き上がり、元の姿勢に戻る。
片脚を10回続けて、反対の脚へ。3セット。

⚠️ **注意点**

✕NG!
お尻を低くしない。

✕NG!
下を見て猫背にならない。

✕NG!
膝が前に出ない。

ダンベルプレス

難易度
★★★

効果のある部位

- 大胸筋
- 三角筋（前部）
- 上腕三頭筋

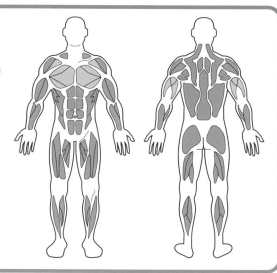

50代にとって総合的に 最も優れた大胸筋トレーニング！

大胸筋というと誰もがベンチプレスを始めたがります。

しかし、ベンチプレスは握る場所を固定して行うので、肩への負担が大きく、特に肩が固くなっている50代には怪我のリスクが大きいのです。

そこでダンベルプレスを強くお勧めします。

ダンベルプレスの場合、ダンベルは肩を中心に自分の動きに合わせることが出来るので、格段に肩への負担は少なくなります。

また、ダンベルプレスのほうがベンチプレスより腕を体の中心に寄せられます。その結果、運動範囲が広くなり、大胸筋への刺激が強くなります。

つまり、ダンベルプレスは怪我のリスクが小さく、大胸筋を効果的につけることが可能なのです。

大胸筋のエクササイズとしてはプッシュアップ（28頁参照）があります。

プッシュアップは、何も道具を使わないのが魅力ですが、自分の体重が負荷になるので、体重が重いと大変なことになり、軽ければ物足りないということになります。

ダンベルの場合、体重よりも軽くも出来るし重くすることも出来ます。

ダンベルを使用すれば、10〜12回でキツくなるという、筋肉を作る上で自分に最適な重量設定が可能になります。

また、プッシュアップほど腹筋などの体幹の筋肉を使うこともなく、大胸筋に集中して効かせやすく効果的です。

ダンベルとトレーニングベンチという道具は必要ですが、それらを購入しても余りあるほどの費用対効果が高い種目と言えます。

動画は
コチラから

HOW TO DO
DUMBBELL PRESS

10回 3セット

1 仰向けに寝転んでダンベルを横向きに持ち、胸の上に構える。
足の裏を床につけ、腰に少しアーチを描いてお尻と肩がベンチについた状態。
肩甲骨は後ろに軽く寄せて固定し、胸を縦にも横にも張る。前腕は垂直。

準備運動

ダンベルを持つ前に動作❶〜❸の動作を行ってみる。肘・肩・肩甲骨の位置に気をつける

2 息を大きく吸いながら、大胸筋に張りを感じつつ肘を下ろす。
運動中は前腕は常に垂直。

3 動作❷のダンベルが一番下の位置で
大胸筋がダンベルの重さを支えているのを感じてから、
息を吐きながら肘をゆっくり押し上げる（ダンベルを押す意識ではない）。
トップではダンベルの間は30㎝ほど開けたままで閉じない。

← 30㎝ →

⚠ 注意点

✕NG!
運動中、前腕は常に垂直に維持する。
中に倒れない。

✕NG!
トップでダンベル間を
閉じない。

✕NG!
トップで肩を押し上げない。
肩をベンチから離さない。

ユウジ氏に聞く！

トレーニングの効能

50代は「前面4：背面：6」を意識して鍛えよう！

――― トレーニングの効能についてお聞きしたいと思います。50代にとって筋トレを行うことは「老化の防止」にも大変有効なのですよね？

ユウジ　もちろん。トレーニングをした後に成長ホルモンが活発になってくるので。成長ホルモンを出す機会をどんどん増やすという意味では、筋肉だけでなく他のところでも変化が出てきます。

――― 具体的にはどんな？

ユウジ　肌とか爪とか髪とか全部に影響を与えます。この話題は僕のYouTubeでもちょこちょこ取り上げています。「変化があった！」という人もいるし、「そんなもんあるわけねぇよ」ってコメントしてくる人もいる。

――― それは気になります。

ユウジ　まず白髪についてですね。「バックランジをきっかけに筋トレを始めて半年とかで白髪があったのがグワーッとなくなって結構黒くなりました」というコメントが3～4個あったのです。もちろん白髪がなくなっていない人もいます。結果が出るか出ないかは多少個人差があるかもしれない。しかしですよ。それまでが不健康で血行がよくない、細胞に対する栄養素の送り込みがよくない、ホルモン分泌がよくないっていうのが改善されたら細胞にいいのは当たり前じゃないですか。健康的なことをしたほうが全ての細胞に絶対いいのは当然の話だと思うのです。僕はこれ、何も染めてない状態。実際、僕の2つ上の兄と比べたら白髪がかなり少ないです。

――― ユウジさん、全然白髪ないですね。

ユウジ　全く染めてないですよ。白髪はもみあげのこの辺にチラッとある。

――― 髪の毛も薄くないですね。

ユウジ　髪が薄い、髪が多いは家系とかもあると思います。そこに関しては個人差もある。ただ、不健康ならもっと悪いことになります。一気に老化が始まります。だけどホルモン分泌がよくなって細胞に悪いわけはないじゃないですか。筋トレは再生組織の代謝回数を高めるわけだからお肌もすべすべになりますしね。

――― トレーニングをやるとストレス解消、リフレッシュできるという側面がある。交感神経が活性化され、自律神経によいっていう効能もあるのですよね？

ユウジ　もちろんそうです。誰でもトレーニングした後はさっぱり気持ちよくなるじゃないです

か。前向きになる。筋トレを一生懸命やった後、人によっては「俺は誰にも負けない気分になっている」と言う人もいるわけですよ。

—— 50代が特に気にかける部位ってありますかね？　50代であれば、まだ「腰が曲がる」ことに対してピンとこないかもしれないですけど、遠くない未来にそうなることを想定したトレーニングが必要かと思います。背面と腹筋を特に気にかけるべきなので「前面4：背面：6」のトレーニングを行ってみるとか……。

ユウジ　50代が背面を意識しながら鍛えることは正しいことだと思います。前面と背面のその比率は合っています。僕らのおじいさん、おばあさん、つまり2世代上ぐらいのお年寄りは腰を曲げながら畑仕事をしたり、リアカーなんかを引いていましたよね。それが1回いなくなります。僕らのお父さん、お母さんの世代にはこういうお年寄りは少ない。けれど、今また「腰が曲がる」ことが復活してきている気がするわけですよ。あらゆる世代がパソコンの前で座ってずぅーっとこうだから。それが僕の懸念ですね。

筋トレは「こういう未来」から50代を救う

シュラッグ

難易度
★ ★ ★

効果のある部位

・僧帽筋

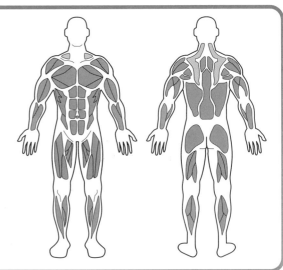

みすぼらしいスーツ姿、Tシャツ姿から脱却するために不可欠な種目

　鏡を見ながら肩を目一杯すくめてみて下さい。

　最初の位置から5㎝以上高くなりますか？

　年齢を重ねると3㎝くらいしか動かない人も多いのです。

　腕という重りが重力によって下に引っ張られ、50年以上生きていると肩が通常より下がり、僧帽筋が伸び切ってしまっています。

　伸びたまま長い時間が経つと僧帽筋は収縮を忘れてしまいます。

　その結果、肩をすくめられなくなってしまうのです。

　この状態では、僧帽筋の先にある肩甲骨を引き上げる動きが出来ないので、背中全体が固く感じてしまい、不快な感覚が生まれます。

　僧帽筋の縮んで伸びるという動きがあまりないと、血流が悪くなり、肩こりや頭痛を引き起こしやすくなるのです。

　また、鎖骨の角度が下がって、なで肩に見えてしまいます。

　ほんの5ミリ下がるだけでも正面から見える鎖骨が平坦になります。

　そうなるとスーツ姿もTシャツ姿もみすぼらしく映るのです。

　そんな状態から抜け出しましょう。

　シュラッグは僧帽筋、そして肩甲骨につながるいくつもの筋肉を収縮する筋トレです。

　シュラッグを行うことによって多くのことが改善されるのです。

　ダンベルは持ったほうがいいですが、持たなくても十分な効果が期待できます。

　ほぼ毎日のように行えば、すぐに著しい成果が見えてきます。

動画は
コチラから

HOW TO DO
SHRUG

15回 3セット

1 ダンベルを体の横に持ち、まっすぐ立つ。重心はかかと。

2 息を吐きながら、肩を出来るだけ耳に近づける。肩の真上→肩の斜め後ろ→後ろの順に回転させるように僧帽筋をなめらかに収縮させる。

3 動作❷の位置から休むことなく
半円を描くイメージで
肩を回し続ける。

⚠️注意点

✕NG!

肩を後ろに回す時、
頭を前に出さない。

✕NG!

お腹も前に出さず、
真っ平らのままにする。

オルタネイトプランク

難易度
★★★

効果のある部位

- 腹直筋
- 外腹斜筋
- 内腹斜筋
- 腹横筋

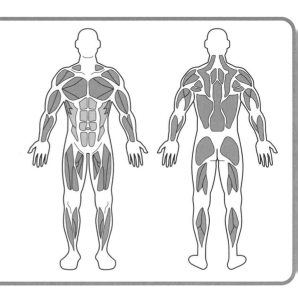

筋トレの黒子役「腹斜筋」は この種目で鍛える！

腹筋といえば6個に分かれる腹直筋が特に知られています。

腹直筋は先天的に分かれる数が異なり、4個、8個という人もいます。

それはさておき、肋骨の上を走る腹斜筋という筋肉が、目立たないけれど、その他のあらゆる筋トレをする上で重要な立役者になっているのです。

なぜなら腹斜筋は体幹の姿勢維持に欠かせないからです。

バックランジやスクワットでは、腹斜筋が筒をひとまわり小さくするように肋骨を締めて持ち上げることによって、上に伸び上がる上半身が作られ正しくパワーが発揮されます。

アームカールやサイドレイズでは、腹斜筋が肋骨を締めることで体が仰け反ってしまうのを防いでいます。

また、腹斜筋があることでショルダープレスや背中のトレーニングの時に正しいタイミングで呼吸をする

ことが出来るのです。

腹斜筋の力が弱ければ、正しいタイミングで息を吐けません。

しかし、50代ともなると腹斜筋がめっぽう弱いんです。

それは長年座って仕事をしていることで、お腹の圧力が外へ向かい、肋骨が外に膨らむからです。

オルタネイトプランクを行うと、床に置いた腕側の腹斜筋で全身を支えるので、腹斜筋の筋力はアップします。

スムーズに呼吸が出来てパワーが出やすく、鍛える筋肉への負荷が逃げません。

結果、どんなエクササイズを行なう時も負荷が逃げない体になれるのです。

常に黒子役として活躍する腹斜筋を鍛えることは体を劇的に変える近道と言えるでしょう。

動画は
コチラから

HOW TO DO
ALTERNATE PLANK

16回 3セット

1 両肘を肩の真下につき、足を肩幅につま先立ち。
そこから体が一直線になるようにお腹を持ち上げる。

2 片腕をまっすぐ前に伸ばす。頭で2カウント数える間、止める。
腕は床から15cmほど。

15cm

3 伸ばした腕を戻して、反対の腕を前に。その間、骨盤を中央で水平に維持する。
左右の腕を交互に16回を3セット。

⚠ 注意点

✕NG!
お尻を
上げない。

✕NG!
お尻を
揺らさない。

✕NG!
膝、腕を曲げない。
下を見ない。

スーパーマン

難易度
★★★

効果のある部位

- 僧帽筋
- 脊柱起立筋

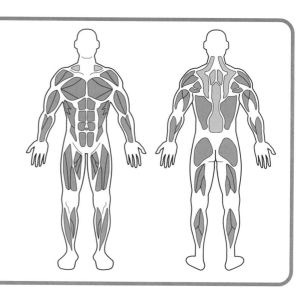

ヒーローが救ってくれるのは 弱ってしまったあなたの腰！

座り仕事を長年続けていると脊柱起立筋、僧帽筋が伸びたままで収縮できなくなります。

その改善のために、これまでデッドリフトやシュラッグなどをお勧めしました。

このスーパーマンも脊柱起立筋、僧帽筋の両方を同時に収縮させて、それらの筋肉の働きを取り戻すものです。

すでに紹介したエクササイズとスーパーマンでは何が違うのか？

まずは、スーパーマンは道具がいらないという点。

いつでもどこでも行えるのです。

次に、スーパーマンは毎日やってもOKという点。

デッドリフトは負荷が重いので週に2〜3回が限度ですが、スーパーマンは軽い負荷での収縮運動ですから、毎日行ってもオーバーワーク（筋トレを過度に行うこと）にはなりません。

要するに、デッドリフトとスーパーマンの2つを使い分けるのです。

デッドリフトは、週2回行う（間を3日開ける）。

スーパーマンは、それ以外の日でほぼ毎日行う。

このローテーションで行っていくと、「収縮できない腰」と「猫背」からいち早く脱出できるのです。

ただし、このスーパーマン、50歳以上の人にとって腕を伸ばして上げる時に肩が詰まって、最初はキツイと感じるかもしれません。

しかし、根気よく続けていけば、正しい動作を行えるようになります。

筋肉をデカくするということはない種目ですが、姿勢からくる体型が変わってきます。

動画は
コチラから

HOW TO DO
SUPERMAN

30秒 3セット

1 うつ伏せの状態から腕を肩幅で前に伸ばす。
肘は曲げないでまっすぐに。

2 脚は上げないで、前を見ながら腕を15cmほど上げる。
寄せ続けた状態を保ちながら30秒。動作❶に戻る。これを3セット。

15cm

✕**NG!**
腕を開かない。

✕**NG!**
肘を曲げない。

✕**NG!**
下を見ない。

ユウジ氏に聞く！

・食事
・プロティン
・サプリメント

定食スタイルの食事を心がける

——— 「パート3」のところでも話が出ましたけど栄養に関しては一般の人は揚げ物とか食べて
　　　カロリー過多になっています。食事に関してはどういった点を気にしたらよいでしょうか？

ユウジ　定食スタイルの食事を3食摂る。ラーメンやそばだけでなく、定食ならある程度バラ
　　　ンスが取れます。魚定食がベストです。僕はそれでだけいいと思う。

——— それだけいいのですか？　トレーニングの情報には「筋肉をつけるためにはタンパク質
　　　を体重1キロ当たり1.5グラムから2グラムを摂るといいです」とか「食事で摂れない場
　　　合はプロテインを補いましょう」とかよく書いてあるのを見かけますが……。

ユウジ　タンパク質を？

——— はい。タンパク質はそれ以上の量を摂っても変わらないらしいです。もともとプロテインっ
　　　てチーズを作る時に出る廃棄物だったと聞いたことがあります。

ユウジ　そうです、ホエイプロテインはね。

——— だとすると利益率が高そうですね。お薬や健康食品の会社は不況知らずで羨ましい限
　　　りですが、そうした会社と関係が近かったりするトレーニング雑誌やwebサイトから
　　　の情報はどうしてもバイアスがかかっている気がします。また、YouTubeを観ても筋
　　　トレの動画を配信する人の中でもやたらとプロテインやサプリメントを勧めてくる人
　　　もいる。言い方は語弊があるけど、いかんせんやっぱり商売の側面があるじゃないで
　　　すか。「プロテインは飲まなくていいよ。サプリメントなんて摂る必要なし」とか言う
　　　人は少数だと思います。

ユウジ　僕に限らず、フィジークの人たちの中には「プロテイン1日1回」みたいな人は結構いま
　　　す。せいぜい1日1回。

——— へー、意外ですね。

ユウジ　皆が口を揃えて言うのは食事を完璧にしてそれで足りなかったらプロテインを飲む。

全く飲んでない人がたまにいますけど。僕は食事を100点にしてからその後プロテインというスタンスなのです。僕がプロテイン飲んでいるのはトレーニング直後サッと飲みたいからというだけであって。変な話あれですよ、これはまた極端な話なのですけど、肉を1日5〜6回食べて、ずぅーっと血中アミノ酸濃度が高い状態であれば別にプロテインを飲まなくていいのではないかと思います。

—— それは確かに極端な話ですね。肉を1日5〜6回食べるなんて……。海外のビルダーの動画なんかを観ると、自分で器用にビーフをグリルで焼いて、それをフードパックに小分けしてカバンに詰めて出かける風景がありますけど。それはミールプレップ（作り置き）っていう方法ですけど、本書の読者には全くお勧めできないですね。

ユウジ 極論すればミールプレップがベストということになる。しかし、それはかなり難しい。だからプロテインは仕事の都合とか食事が摂れない時にその代わりにサッと早く吸収するものです。僕にとっては「持ち運びやすいから」という理由でプロテインがあるというぐらいの認識です。

プロテインやサプリメントを必ずしも摂る必要はない

—— あと最近だとプレワークアウト（注1）というのですか、トレーニング前にパッと飲むサプリがあるじゃないですか？

ユウジ ビルダーとかいろいろ飲む人いますけど。

—— ジムに行くとタオルとかを置く棚にサプリを混ぜたドリンクを何種類も用意している人とかたまにいますね。サプリメントの種類って本当に無数にあって、iHerb（注2）とか覗くとその種類の多さにまず驚く。海外のサプリの斬新なパッケージデザインやネーミングセンス、商品の効能や購入者のレビューを読んだりすると一般の人にはよくわからない世界が存在する。

ユウジ 今の35歳以下ぐらいのフィジークの人はあまり飲んでない。多分どっちかというと、フィジークのカテゴリーが生まれる前、あの世代の人のほうが飲んでいる人が結構多かったと思います。

—— そうなのですね。確かにセットごとにちょこまかちょこまか飲んでいる人は年齢が高めな気がする。

ユウジ フィジークの人は意外とベーシックなものだけ。BCAA（注3）やクレアチン（注4）とか。ほんとその程度しか飲んでない。そういう人も結構います。

—— プロテインの次にBCAAやクレアチンを摂るっていうのは王道ですね。私も筋トレにハマっていた頃はそれらを全て購入していました。でも、どこかでやめるタイミングが出てくる。だって安くはないでしょ。お金に余裕があるぜとか、筋肥大に人生をかけているぜという人ならいいのでしょうけど……。カツカツでサプリを買っているのであれば、それをやめて奥さんや子どもをステーキ屋さんや焼肉屋さんに連れて行ってあげてよ、そこでタンパク質を摂りましょうよって気持ちですね、今は。

ユウジ そうですね。そういう考え方もあります。食事が基本ですから。

—— 本書の読者は一般の人なのでプロテインもBCAAやクレアチンも摂る必要はないですよね？

ユウジ　せいぜいプロテイン1回。その代わりに先ほど言ったように食事を100点に近づけましょうよ。

――――　食事を100点？

ユウジ　僕が言う100点は……例えば朝食だと「朝はパンしか食べない」とか「朝はプロテインしか飲まない」という人がいる。だけど、炭水化物だけ、タンパク質だけの食事は駄目。炭水化物、タンパク質がない食事も駄目。じゃあ、どうすればいいのかというと朝から定食を食べればいい。そうすれば普通に体に必要な炭水化物もタンパク質も摂れるわけですよ。

――――　タンパク質、炭水化物、食物繊維が揃った定食を食べるということですね。

ユウジ　そうそう、野菜も食べればいいと思う。お昼ご飯もパスタだけ、そばだけになると炭水化物だけですから駄目です。

――――　じゃあ、そば屋さんに行くのではなくて……。

ユウジ　定食屋さん。もしくはそば屋さんに入っても定食に近い物を探す。

――――　定食といってもお好み焼き定食とかチャーハン定食みたいにお好み焼きやラーメンといった炭水化物をおかずにしてお米を食べるのはもちろん駄目ですよね？

ユウジ　もちろん、駄目。おかずは肉や魚などのタンパク質に限る。おかず・ご飯・サラダの普通の定食を3食べればいいと思うのですよね。定食であれば揚げ物ではなく肉をサッと焼いた物とか焼き魚や刺身も選べるだろうし。

――――　ちなみにバックランジダイエット（20頁参照）中は最低でも1か月間は晩ご飯に炭水化物を抜くことを提唱していませんでしたっけ？

ユウジ　はい。けれど、お腹のぜい肉がなくなったら晩ご飯に炭水化物を摂っても結構です。だから食事に関して気をつけることは朝から晩まで定食スタイルを貫きましょうということくらい。あとは活動することをもうちょっと増やそうよっていう話です。

――――　なるほど。

ユウジ　それと子どもの体と40代～50代の大人の体は違います。違うっていうのはタンパク質の吸収に関してなのです。たまにプロテインを子どもに飲ませる親御さんがいますが、子どもの場合、体重1キロ当たり1グラムぐらい摂ってももう全部使っちゃう。僕らは2グラム摂っても1グラム分も使ってくれない可能性があるとかなので。だから50代が「筋肉をつけたいから」と言ってプロテインを飲んだとしてもほとんど吸収されない。もちろんこの本の読者がプロテインを飲む必要はないけど、ほんと言うと隙間を開けないように食べて、いつもちょっとずつ吸収させてあげたほうがいいことは間違いない。

――――　血中アミノ酸濃度を高めるには3食ではなく、ちょくちょく食べたほうがいいのはわかります。理想はそうですけど、アスリートならばともかく一般の人が食事の回数を増やす必要があるのかと思いますね。

ユウジ　もちろんそこまでしなくていい。だから3食は定食スタイルで栄養を補給しましょう。

――――　本書の目標はベルトにお腹の贅肉が乗らない程度にお腹を引っ込める、Tシャツを着た時にカッコいい体になることです。ユウジさんの言う通り普通の定食スタイルを続ければ実現できます。それなのにプロテインも飲もう、今度はBCAAやクレアチンも摂ってみようかと考え始めたら、マニアックゾーンへと一歩踏み出している気がしますね。

【注1】プレワークアウト：トレーニング前に摂取するサプリメント。主成分はカフェインや硝酸塩で血管拡張作用により血液や酸素の流れが改善され、トレーニング中のパンプアップ効果が得られるとされている。

【注2】iHerb：海外のサプリメントをリーズナルプライスで購入できるためトレーニング愛好家に人気が高いwebサイト。

【注3】BCAA：筋肉作りに深い関係のあるアミノ酸、バリン・ロイシン・イソロイシンのこと。運動中に壊れた筋組織の修復をサポートして、筋肉をつけやすくなる効果があるとされている。

【注4】クレアチン：運動時のエネルギー源の1つであるクレアチンリン酸の構成成分。筋力や身体機能を向上させる効果があるとされている。

難易度
★★★

効果のある部位

- 上腕三頭筋
- 腹直筋
- 外腹斜筋
- 内腹斜筋
- 前鋸筋

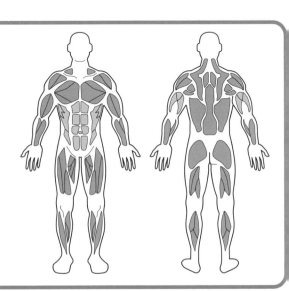

続ければ正面からの見た腕の見栄えがアップする！

　Tシャツの袖口から出る逞しい腕は憧れです。

　太い腕になればシンプルなTシャツを着ただけで逞しく見えます。

　腕を太くしたいと思った時、力こぶを構成する上腕二頭筋を集中して鍛えてしまいがちですが、上腕二頭筋よりも上腕三頭筋の方が筋肉量は多いので、上腕三頭筋を鍛える方が太い腕を作る近道と言えます。

　ナロウプッシュアップは、その上腕三頭筋をダイレクトに鍛える種目です。

　上腕三頭筋を鍛えるには様々な種目がありますが、ナロウプッシュアップを勧めるのには理由があります。

　まずは、道具を使わないで行えるという点。

　そして、同じナロウプッシュアップでも手をつく位置によって効かせる上腕三頭筋を変えられるという点。

　上腕三頭筋はその名の通り、長頭、内側頭、外側頭という3つの筋肉から成り立っています。

　肩幅で脇を締めてナロウプッシュアップを行うと、広背筋に近い長頭が主に鍛えられます。

　手幅を狭くして肘を広げながらナロウプッシュアップ行うと、外側の外側頭にも効きます。

　この外側頭が弱いと後ろ側の長頭だけ盛り上がるアンバランスな上腕三頭筋になってしまいます。

　ですから、外側頭も太くして横に迫り出したように見える上腕三頭筋を作れば、正面からのTシャツ姿が実にサマになるのです。

　ナロウプッシュアップは、プランク（※）のような状態で行うことから体幹を使った運動になり、腹筋や脇の前鋸筋なども鍛えられるので一石二鳥のメリットがあるのです。

　痩せるだけでなく、男として逞しくあるべきところは鍛えておきましょう！

※プランク
うつ伏せになった状態で前腕と肘、そしてつま先を地面につき、その姿勢をキープするエクササイズ。

動画は
コチラから

HOW TO DO
NARROW PUSH UP

10回 3セット

1 親指と人差指の間にダイヤモンドを作るように
手を近づけて置く。
腕を伸ばし、つま先立ちで
体が一直線になるように姿勢を維持する。

2 顔は前を見たまま、少し肘を開きながら腕を曲げて体を下げ、腕を伸ばして上がる。
ただし、姿勢は常にまっすぐ。正しい姿勢を維持できる深さでのみ繰り返す。

⚠ 注意点

✕NG!
頭だけ下げて
やったつもりに
ならない。
下を見ない。

✕NG!
猫背にならない。

✕NG!
膝を曲げない。

ブルガリアンスクワット

難易度
★★★

効果のある部位

・大腿四頭筋
・ハムストリングス
・内転筋
・大臀筋

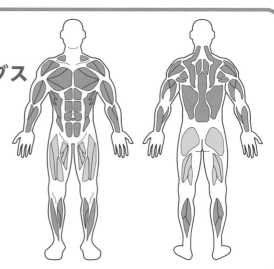

脚の筋力を引き上げ、ドライバーの飛距離を伸ばす！

　脚のトレーニングにはいろいろな種目があります。

　どう違ってどれをやるのがいいのか、判断が難しいかもしれません。

　スクワットは脚の筋肉をつけるだけでなく全身のパワーをつけます。

　バックランジは体脂肪を減らすのに最適です。

　そして、このブルガリアンスクワットは脚1本の筋力を強烈にアップさせます。

　スクワットは2本の脚で体を支え合っています。

　バックランジは1本脚ですが、交互に使う脚を変えるので、1回ずつ休んでいるとも言えます。

　ブルガリアンスクワットは1本の脚だけで体を支え続けるので、1本の脚に対する刺激が強く、脚で体を支える力がとにかく強くなるのです。

　普段歩くことが少ない現代において、脚の筋力は本来あるべきレベルよりも低過ぎるという状況です。

　ブルガリアンスクワットは短時間で脚の筋力を取り戻すどころか、高いレベルへと引き上げることが出来ます。

　階段を上がる時には身軽さを感じるでしょう。

　例えばゴルフをしている人ならば、右脚の踏ん張りから左脚で支える形になり、1本脚での筋力が重要になります。

　ブルガリアンスクワットを続ければ、この踏ん張る力が格段に強くなるので、ドライバーでの飛距離は飛躍的に伸びます。

　脚が強くて何をやっても身軽であるということは「体が重い」とか「だるい」という症状とは無縁になるのです。

　それだけでなく、他の脚の種目よりもとにかくお尻に効きます。

　ブルガリアンスクワットを行うと、お尻が劇的に上がります。

　さぁ、力強い脚とクッと盛り上がったお尻を手に入れましょう。

動画は
コチラから

HOW TO DO
BULGARIAN SQUAT

1 両手を腰に当て、
片足を足首がかかるように
ベンチに置く。

2 上半身を垂直に維持し、
前脚を使って深めにしゃがむ。
膝はつま先より前に出ない。
足の裏はかかと重心。

3 かかとを踏みながら前脚だけで立ち上がる。
これを繰り返し、片脚10回を交互に3セット。

⚠ 注意点

✕ NG!
膝はつま先を
超えて出ない。

✕ NG!
上半身は前かがみに
ならない。

✕ NG!
後ろの足に体重を
かけ過ぎたり、後ろの足で
ベンチを押し過ぎない。

Wハイパークランチ

難易度
★★★

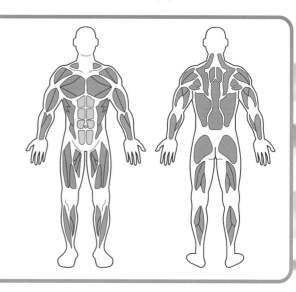

効果のある部位

・腹直筋

50代で腹筋を割りたいならば絶対やるべきエクササイズ！

腹筋を割るには体脂肪を落とすことが重要ですが、50代ともなると腹筋はそう簡単には割れてくれません。

というのも40歳以降から体脂肪を落としてくれるホルモン分泌量が減るからです。

しかし、腹筋を割るには奥の手があります。

それは腹筋の山を高くして、シックスパックのひとつひとつを大きくする方法が存在します。

つまり、体脂肪を極端に減らす努力をしなくても腹筋の盛り上がりが大きくなれば腹筋が割れて見えるというわけです。

腹筋の山を大きくするには大胸筋などと同様に大きな負荷がかかる腹筋運動をする必要があります。

そのためにはこのWハイパークランチが最適なのです。

Wハイパークランチでは、上からは「頭の重さ」、下からは「脚の重さ」が腹筋にかかります。

腹筋に対して2方向から大きな負荷がかかるので腹筋の山を高くするには最高のエクササイズと言えます。

Wハイパークランチを行うと腹筋の筋力も非常に強くなります。

腹筋の力が弱いと、体の中心から支える力が弱いので自分の体を重く感じるという不具合が生じます。

起きている間、ずっと体が重いと感じ続けるわけですから、いつも「大変な状況」にあり、毎日「だるい」となってしまうわけです。

Wハイパークランチで腹筋の力が強くなれば、この「だるい」ともお別れ出来るのです。

Wハイパークランチは、マシンもダンベルも使わずに腹筋のパワーを高められるので、やらない手はありません。

動画は
コチラから

HOW TO DO
W HYPER CRUNCH

10回 3セット

準備動作

仰向けに寝転び、両手を頭の後ろに添える。
ベンチがある場合、肩甲骨はベンチからはみ出る。

1 息を吐きながら、背中とお尻を同時に、ゆっくり持ち上げ、結果、
肩甲骨が床から離れ頭が上がり、脚が垂直に上げる。膝は曲げないでまっすぐに。

⚠ 注意点

✕NG!
脚を曲げない。

✕NG!
首だけ上げない。背中を上げる。

2 その後、息を吸いながら、腰が反らないように腹筋を上から押しながら脚を下ろす。
動作❶〜❷を10回繰り返し、3セット。

ユウジ氏に聞く！

お酒とトレーニングの関係について

お酒が入ると肝臓は筋肉を作る作業をやめてしまう

—— 日本には「飲みニケーション」があります。若い世代には「飲みニケーションは無駄」という風潮があります。私もコロナ以降、めっきりお店で飲むってことが少なくなりました。ただ、50代だと世代的に飲む人が少なくないと思うのでお酒とトレーニングの関係を聞いておきたいです

ユウジ　まずはお酒の問題を解決するのが減量と筋肥大の近道ですね。

—— 私も昔はトレーニングをした日はお酒を飲むことをNGにしていました。でも、それって振り返ると実に味気ない日々だったなぁと思います。

ユウジ　今は実際、会社の人との付き合いとか、あるいは取引先や友人との付き合いで飲むっていうのは週何回ありますか？

—— あっても週1回ぐらいですね。

ユウジ　じゃあ、週1回でいいです。週1回はお酒を飲んでいいです。

—— 週1回ですね。まぁ、そういう感じになりますよね、トレーニングを始めると……。

ユウジ　そこで重要なのは何かですよ。仕事が終わってトレーニングして、家に帰ってから缶ビール、缶酎ハイを開ける必要はありますかね？　自分を曖昧にしちゃっているところがあるのです。

—— 週1回だけしか飲めないのかよ！　と思う人は多いのじゃないですかね。筋トレをやった日にお酒を飲んじゃうとやっぱり筋肥大の効果は薄れますよね？

ユウジ　効果は確実に薄れます。タンパク質、炭水化物、脂質は必要なものです。それらの栄養素は必要なものなので体は体内に貯めておこうとします。反対にアルコールは原則として体にとっては不要なものです。お酒は体の中に貯めて置けない。お酒を摂取すると体は「ちょっと毒が入ってきた。早く出せ、早く出せ」と反応します。つまり、アルコールは人体にとって有害だと判断します。そのために肝臓を全部フル回転させる。肝臓はアルコールを外に出す作業を優先して、タンパク質、炭水化物、脂質を分解して代謝するっていう作業を置き去りにしちゃうのですね。お酒を飲んだ日に限りません。お酒が抜けるまでそういう状態になります。

—— なるほど。

ユウジ　体はとりあえず肝臓の機能を全部使ってアルコールを抜く、排出しようとする。その間、肝臓は炭水化物を分解して筋肉に送り込む、タンパク質を分解して筋肉に送り込むということをやめちゃうので……。トレーニングをした日だけでなく、オフ（トレーニングをしない日）も食事はするわけじゃないですか。お酒を飲んだら、ずぅーっと肝臓はお酒を抜くことに働いているわけです。筋肉に必要な栄養素が行かないような状態になっていますよ。

—— 肝臓にとってはアルコールが入ってくるとそっちを優先しちゃうのですね。

ユウジ　そうそう。そこが問題なのです。

—— そういう風にお酒とトレーニングの関係を説明してくれる人はあまりいないですね、意外と。

それでも飲みたい人はどうすればいいのか？

ユウジ　多くの人はお酒が高カロリーだから筋トレやダイエットに悪いと思っているけど、そこじゃないんですね。同じ高カロリーでもお酒はお米のように体の中に貯めて置けないからエネルギーにもならない。また、筋肉を作るためには休養が必要です。休養の時に何をやっているかというと、体は食べた物を代謝して筋肉に送り込んでいるっていうことを実はやっている。それをアルコールがストップさせちゃうから筋肉ができないじゃん！ってことになる。損しているのです。

—— なるほど。一生懸命やった筋トレが無駄になってしまうのは損だと。

ユウジ　それこそボディビルやフィジークの大会に出る人は「それじゃあもったいない」からと普段はお酒を飲まない。全部終わった12月、1月だけ飲むっていう感じですね。

—— あー、そうか。冬ぐらいまで大会ありますもんね、大体。

ユウジ　11月ぐらいまで大会があります。世界大会は12月初頭まであったりする。それらが終わってクリスマスぐらいから正月明けぐらいまでの2〜3週間は大会に出る人たちが集まって飲み会を開くというのはよく聞きます。それ以外は基本、飲み会はないし、誰も飲まない。損しちゃうから。普段死ぬほど筋トレやっているから。

—— 逆に言うと大会に出る人じゃなきゃ、そこまでストイックになる必要がないわけですね。私ならばトレーニングした日でも飲み会に誘われたり、ふと飲みたくなったら飲みます。筋肥大よりもその日、その時の気分や出来事を大切にしたい。優先順位のトップは筋肉ではないので損だとも思いません。これはユウジさんと意見が分かれてしまいますね。何かしら筋トレをやったことのメリットはあると信じている。ストレス解消とかね。昭和のビルダーは結構飲んでいたっていう話を聞いています。その時代の大らかさが私は好きなんですよ。

ユウジ　いや、それはですね、世の中にはたまたま才能のある人がいるってことです。練習しなくても足が速い人がいるのと一緒。お酒を飲んでいても筋肉がついている人がいる。じゃあ、普通の人が飲んで筋肉つくかというとそうじゃない。9割以上の人はつかない。

—— そこまで言われても飲みたい人は飲めばいいよってことですね。

プルオーバー

難易度
★ ★ ★

効果のある部位

- 広背筋
- 大円筋
- 上腕三頭筋

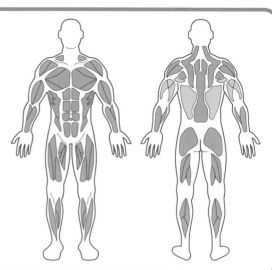

固くなってしまった脇の下を伸ばして姿勢をよくする！

　長年のデスクワークで様々な問題が体に起きていることはこれまでに何度もお話ししてきました。

　それは一見見た目には分からないところにも表れます。

　座って猫背という姿勢を長年続けていると、肩が落ち、僧帽筋や三角筋が伸び切ったままになり、縮まなくなっています。

　肩の位置自体が下がってしまっているのです。

　その改善のためにショルダープレスやシュラッグを行うわけです。

　実は肩の真反対の位置にある脇の下の筋肉も固くなっています。

　そのため肩関節は自由を失い、肩まわりはガチガチ、肩こりも治りにくくなっているのです。

　脇の下の筋肉である大円筋と上腕三頭筋の付け根を伸ばすストレッチを兼ね備えたエクササイズがこのプルオーバーになります。

　通常、プルオーバーは大円筋を鍛えて、逆三角形の上の広がりを作るための種目ですが、少し軽めのダンベルを持って行うことで、大円筋と上腕三頭筋の付け根を伸ばしていきます。

　脇を伸ばして、肩を後ろに回転させることで肩の位置を修正することが狙いです。

　その時、恐らく「あ〜、気持ちいい〜」と感じる人も多いでしょう。

　プルオーバーは、ベンチの端に背中を当ててアーチを描くので脊椎を反らすストレッチにもなります。

　筋トレでありながらストレッチ効果が高く、肩の位置が修正され姿勢もよくなり、体も楽チンになります。

動画は
コチラから

HOW TO DO
PULL OVER

1 ベンチに対して体を90度にし、肩甲骨の下側の角がベンチの端に当たるように寝て、お尻を少し下げる。手を重ねてダンベルを握り、顔の上に構える。肘をほんの少し曲げて固定し、閉じ気味にする。

ダンベルの持ち方

10回 3セット

2 息を大きく吸いながら肩を中心に腕を頭上の遠くに伸ばすように下ろす。
脇が十分伸びたところで、息を吐きながら腕を動作❶に戻す。
これを繰り返し、10回3セット。

⚠注意点

✕NG!

腕を下ろした時に、
トップ位置の状態より
肘を曲げない。

オーバーヘッドワイドスクワット

難易度
★★★

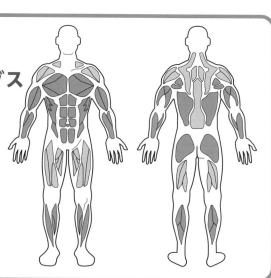

効果のある部位

・大腿四頭筋
・ハムストリングス
・内転筋
・脊柱起立筋
・三角筋
・僧帽筋

50代の身体的問題を全て同時に解決してくれる究極のエクササイズ！

　50代ともなると肉体的に出来なくなってしまうことをいくつも取り上げてきました。

　腕が上がらない、肩が収縮しない、背中が反れない、腰の筋肉が収縮しない、ハムストリングスが固い、お腹の圧力が弱い、などなど……。

　それぞれの問題を解決できるエクササイズを紹介しました。

　しかし、それだけでは足りません。

タオルを用意しましょう

　なぜなら人間の体は数多くの筋肉を同時に使って動くからです。

　つまり、動きにくい部分を同時に上手く連動させて使わなければ楽には動けないのです。

　歩くこと、走ること、スポーツをする時はもちろん、日常の動きでも、全身の筋肉を同時に連動させて動ければ、体は今まで以上に軽くなります。

　筋肉をつけることや痩せることも大切ですが、動きのスムーズさも体を逞しく見せるためには必要不可欠な要素なのです。

　オーバーヘッドスクワットは50代が苦手とする動き、固い部分が全て動員されるエクササイズです。

　オーバーヘッドスクワットは弱っている部位を全て改善し、それらを同時に連動させることの出来る究極のエクササイズと言えます。

　初心者ならば、恐らく90%以上の人がオーバーヘッドスクワットを「難しい」と感じるでしょう。

　筋力的にキツイということではなく、動作に慣れるまでが大変なのです。

　今は正しく出来なくても続けてやっていきましょう。

　諦めないで下さい。

　必ず出来るようになっていきます。

　毎日のようにやり続ければ中年臭い動きや姿勢とは無縁になります。

HOW TO DO
OVERHEAD WIDE SQUAT

10回 3セット

動画は
コチラから

1 足幅は肩幅より少し広く立つ。
タオルを頭の上に当て、前腕が垂直になる幅に握る。

⚠ 注意点

╳NG!
猫背にならない。
下を見ない。

╳NG!
腕を前に出さない。

2 肘が伸びるまで腕を真上に伸ばす。
息を吸いながら出っ尻になり、かかと重心でしゃがむ。
顔、胸を持ち上げ、腕は垂直方向に肘を伸ばしたまま。
続いて、腕を伸ばしたまま立ち上がり、動作❶に戻る。
これを繰り返す。10回3セット。

肋骨締め

難易度
★★★

┌─ 効果のある部位 ─

- 腹直筋
- 外腹斜筋
- 内腹斜筋

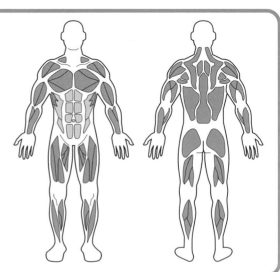

全ての筋トレ種目の効果を上げる縁の下の力持ち的エクササイズ！

腹筋の役割は胴体を丸めるだけでもなく、6個に割れた見た目を作るだけでもありません。

肋骨から骨盤の上までの体幹をギュッと締めて、筒を小さくするように固めるという重要な役割があります。

この体幹を締めて固める力は、例えばショルダープレスでダンベルを押し上げる時に、体が後ろに仰け反って肩から負荷が逃げるのを防いでくれます。

デッドリフトやベントオーバーロウなどの背中の種目では、お腹を締めて固めていないと腰が反りすぎて腰痛の危険が増します。

バックランジにおいても、しゃがんだ時に、お腹を締めて固めなければ上半身は前に倒れて正しいポジションで運動が出来ません。

腹筋運動自体にも体幹を締めて固める力が凄く重要なのです。

クランチ、レッグレイズ、Wハイパークランチで、脚や上半身を下ろした時に、お腹を締めて固めていなければお腹の圧力が上に逃げてしまいます。

腹筋に力が入っていない状態になると、効果が半減どころか、1/4ほどになってしまうかもしれません。

それだけ重要な役割があるにもかかわらず、座り仕事が多い仕事を20年以上も続けていると体幹を締めて固めるということが、全く出来なくなってしまっています。

なぜなら肋骨が開いたままの状態になっているからです。

肋骨締めはわざわざ時間を作って運動する必要はありません。

信号待ちや電車待ち、ミーティング中などに座ったままでも出来ます。

最初は手を添えて試して下さい。

肋骨が締まっていることが確認できれば次からは手を添えずにやっていきましょう。

頻繁にやるほど効果は上がります。

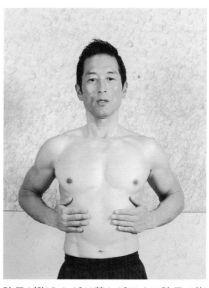

肋骨が膨らんだり萎んだりする肋骨の膨らみの大小の違いを感じられない場合は、毎日1分間練習してみましょう。

HOW TO
TIGHTEN YOUR RIBS

準備動作

立った状態で肋骨の上に
手のひらを当てる。

1 姿勢はまっすぐのまま、
出来る限り大きく息を吸って
肋骨が膨らんで
大きくなるのを手のひらで確認する。

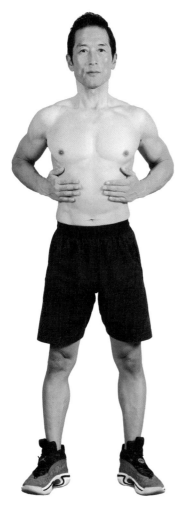

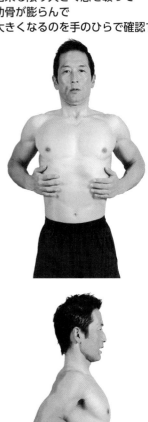

2 姿勢を変えずに、
ゆっくりと息を口から全部吐いて、
肋骨が萎んでその直径が小さくなるのを確認する。
動作❶〜❷を5回繰り返す。

⚠ 注意点

✕**NG!**
息を吐く時にお腹を
中に入れないように。

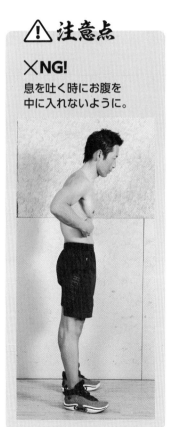

ユウジ氏に聞く！

睡眠とトレーニングの 関係について

寝不足だとケガを起こしやすい

—— 睡眠はどうですか？　ユウジさんって普段、何時間ぐらい寝ているのですか？

ユウジ　僕は6時間です。「6時間で足りている」とは言いません。忙しいからどうしてもギリギリ頑張って6時間です。

—— 眠気って起こりますか？

ユウジ　たまに眠気は起こります。やっぱり6時間じゃ足りなかった？

—— 理想的な睡眠時間は7時間半と言われています。今、脳科学者の先生と睡眠に関する本を作ってまして……。その先生に言わせると、昼間に起こる眠気は危険信号で、脳は眠気によって「あなたの何かがおかしい」と知らせているのですって。

ユウジ　睡眠に関して僕は完璧とは言えないです。やることが多くてどうしても6時間。睡眠の話で思い出したのですけど、2時間ドラマのラストシーンで崖っぷちとか自殺の名所がたまに出てきますよね。その名所の中に自殺を思いとどまらせる名物おじさんがいるのですよ。おじさんは自殺しそうな人に「とりあえず寝ようか」と声をかけて家に泊まらせてあげるそう。「寝たら自殺しなくなる」からって。寝不足だと思考がマイナスになって死にたくなるみたいです。

—— そうそう。眠りが深くないと人は起きた時にミスを起こしやすくなるそうです。だからトレーニングにとっても寝不足はよくないと思います。

ユウジ　これはほんと自分自身の経験談なのですけど、僕が特にこの10年、「あっ」と思って、ケガまでいかないですけど、腰がキュッとなるとか、この辺をキュッとしちゃって、その後何日か響くというのは寝不足の日が多いのです。だから、眠いとやっぱり脳から体に対する信号が正しく伝わっていなくて、正しく収縮、力を発揮するという筋肉が連動していくことが上手くコントロールできてないのでしょうね。筋肉がつったりとか、変な力の入れ方で変な収縮をしたりする。だから同じ種目を同じ重量で挙上しても「あっ、何かが違う」っていう感覚があるのが、やっぱり眠い時だったりする……。

—— それは興味深いお話ですね。

ユウジ　寝不足にまつわる話は他にもあって……。僕は左右の脚の長さが違う、シューズも左

右で1.5センチ近く違うのです。そのせいで股関節や足首に負担がかかっていまして。それでも普通にジャンプしたり、走ったりが普通にできていたのが、ある日、ポンッとジャンプしたら翌日からバーンと熱が出るほど足首が痛くなりまして……。そこから2か月松葉杖だったのですよ。

―― えーっ、そうなのですか。

ユウジ それがコロナでちょうどジムが閉まっていた時と全く重なって。ジムが1か月丸々休みだったのですが家からも出られない。脚をつくこともできなかったのです。その後ジムはオープンしたのですけど、まだ痛いので更に仕事をもう1か月休むという日々が1年半前にあって……。で、股関節が痛くなるのが必ず寝不足の時です。寝るとそれが2～3日で治る。寝不足だと詰まって痛いのです。ストレッチもしているし、何だかんだしているのですけど正直言うと状況は同じ。改善はしていない。ただ、寝不足になると体が悲鳴を上げやすいっていうのはほんとにありますね。

―― 2か月松葉杖ってユウジさんにとっては死活問題ですね。

ユウジ この年になってくると睡眠不足でどっか痛いっていうのも一般の人にも多少あると思います。だから、どこかが痛くてトレーニングできないということがあったら、再開する前に1回ちょっと3日ぐらい寝るように頑張りましょう。寝ると免疫力がグンと上がってくるじゃないですか。筋トレで結果が出すにはきちんと続けて休まないことが大切。風邪を引くと1週間、インフルエンザになると1週間は休みます。そうならないためには免疫力を常に高めておく。

―― 寝ることで免疫力が上げろってことですね。

ユウジ 睡眠不足から起こるケガに気をつけましょう。普通の一般レベルでもそれはかなり重要なことです。

―― お酒を飲むと眠りが浅くなると言います。ですから、もしお酒を飲んだ翌日にトレーニングをするならば油断は大敵ですね。

トレーニングプログラム

あなたにあったプログラムをお選びください！

ON トレーニングを行う日   **OFF** トレーニングを休む日

※各プログラムの頻度、所要時間、ルーティンはあくまで理想です。
　あなたの体力とライフスタイルに無理のない範囲内で行ってください。

プログラム①

お腹をギュと引き締める！〈初級その1〉

バックランジ 20 回 × 3 セット

| 週7日（毎日） | 所用時間3分 |

ON → ON → ON → ON → ON → ON → ON

プログラム②

お腹をギュと引き締める！〈初級その2〉

[バックランジ20回 → クランチ15回] × 3セット

| 週1〜2日（中3日空ける） | 所用時間7分 |

ON → OFF → OFF → OFF → ON → OFF → OFF

OFF → ON → OFF → OFF → OFF → ON ………→

このルーティンをその後も繰り返していく

お腹をギュと引き締める！〈中級〉

(A)
（1日目と5日目）

バックランジ20回
↓
レッグレイズ10回
↓
バックランジ20回
↓
レッグレイズ10回
↓
バックランジ20回
↓
レッグレイズ10回

(B)
（3日目と7日目）

バックランジ20回
↓
Wハイパークランチ10回
↓
バックランジ20回
↓
Wハイパークランチ10回
↓
バックランジ20回
↓
Wハイパークランチ10回

週3〜4日（1日おき）	所用時間8分

ON (A) → OFF → ON (B) → OFF → ON (A) → OFF → ON (B)

OFF → ON (A) → OFF → ON (B) → OFF → ON (A) ･･･････→

このルーティンをその後も繰り返していく

プログラム④

逞しい上半身を作る！〈自体重〉

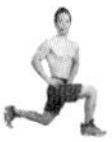
バックランジ 20 回

↓

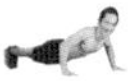
プッシュアップ 10 回

↓

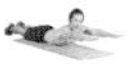
スーパーマン 30 秒

↓

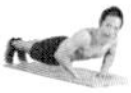
ナロウプッシュアップ 10 回

以上4種目を3セット

週1～2日（中3日空ける）　所用時間10分

ON → OFF → OFF → OFF → ON → OFF → OFF

→ OFF → ON → OFF → OFF → OFF → ON ……→

このルーティンをその後も繰り返していく

プログラム⑤

逞しい上半身を作る！〈ダンベル〉

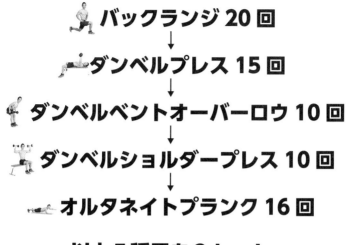

バックランジ 20 回

↓

ダンベルプレス 15 回

↓

ダンベルベントオーバーロウ 10 回

↓

ダンベルショルダープレス 10 回

↓

オルタネイトプランク 16 回

以上5種目を3セット

週1〜2日（中3日空ける）	所用時間12分

ON → OFF → OFF → OFF → ON → OFF → OFF →

OFF → ON → OFF → OFF → OFF → ON ………→

このルーティンをその後も繰り返していく

猫背解消してシャキッと！

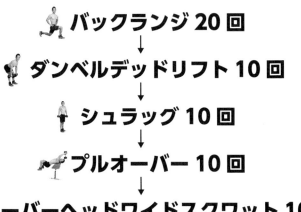

バックランジ 20 回
↓
ダンベルデッドリフト 10 回
↓
シュラッグ 10 回
↓
プルオーバー 10 回
↓
オーバーヘッドワイドスクワット 10 回

以上 5 種目を 2 セット

週2〜3日（中2日空ける）　　所用時間10分

ON → OFF → OFF → ON → OFF → OFF → ON

OFF → ON → OFF → OFF → ON ……………………⟩

このルーティンをその後も繰り返していく

プログラム⑦

下半身を引き締めてパワフルに！

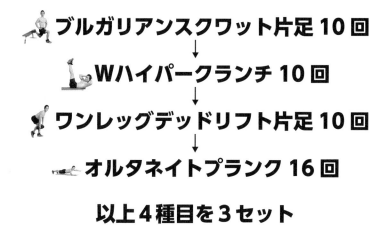

ブルガリアンスクワット片足 10 回

↓

Wハイパークランチ 10 回

↓

ワンレッグデッドリフト片足 10 回

↓

オルタネイトプランク 16 回

以上4種目を3セット

週1〜2日（中3日空ける）　　**所用時間15分**

このルーティンをその後も繰り返していく

What brings you to be a personal trainer?

〈パーソナルトレーナーになったきっかけ〉

最初はジャッキー・チェンに憧れて

―――― 我々の世代で筋トレをするきっかけとなったのは映画スターの影響が大きかったですよね。ブルース・リーが広背筋を広げる場面なんかに当時の男子はグッときました。

ユウジ 僕は最初ジャッキー・チェンですけど。

―――― そうなんですね。あと第1作目の『ランボー』（日本公開1982年）とか。シルヴェスター・スタローン演じるグリーンベレーの兵士が披露する筋肉が凄かった。やっぱり極めつけはアーノルド・シュワルツェネッガーの『ターミネーター』（日本公開1985年）。ターミネーターがロスアンゼルスにタイムスリップするシーンはインパクトがありました。全裸のアーノルドがムクッと立ち上がり、スクリーンではムキムキの体が大写しされる。そこまでマッチョなスターって見たことがなかったから驚きましたね。公開当時、私は『ターミネーター』を劇場で8回観ましたよ。

ユウジ 僕の場合、最初はジャッキーからで、次にスタローン、アーノルドという流れかな。アーノルドに憧れたわけじゃないけど、カッコいいなっていうのはありましたね。僕はそもそも劣等感があったから筋トレを始めたという感じです。何をやっても普通だったので。

―――― スポーツに関して？

ユウジ 体やスポーツに関して。中高はバスケットボール部に入っていました。学校にはスポーツができるやつがいっぱいいるわけです。僕は例えばマラソン大会でも50メートル走でもいつも真ん中。死ぬ気でやっても駄目。苦しくて動けない。足もまわらない。運動が得意な友だちは足が何か凄くまわるなみたいな。どうやっても足が速くないし、背も高くない。背がとにかく中学に入る時には一番前っていう感じだった。中学に入ってからグーッと成長期を迎えて、そこまでは成長期が遅かったのでよけいに小さくて。運動会とかで日の目を見たことは一切ないですね。だからほぼ運動会の記憶はない。

―――― いや、私もないですよ。結局スポーツは才能っていうか……。

ユウジ 遺伝ですよ。遺伝は大きいです。

――――― 私の中学の同級生で日大に行って、そこから社会人のアメフトで日本一になったクォーターバックのやつがいて。そいつなんかやっぱり今思い出しても裸になると筋トレも何にもしてないのに筋肉が凄かった。やっぱり生まれ持っている……。

ユウジ　生まれ持っている遺伝です。やっぱり劣等感があると鍛えることにのめり込んじゃう。体が小さいことや運動が得意でないことを何とも思わない人もいるし、逆に悔しいなと思う人もいる。僕は悔しいなと思うほうでした。で、そういう劣等感を克服することを後押ししてくれるスターがちょうどいる時代だったのです。

――――― 確かにジャッキー・チェンの映画は「虐げられた後に逆転する」的な展開が多かった。

ユウジ　せめてああいうふうにカッコよくなりたいなと思ったのが始まり。それで中学3年の時にブルーワーカーをお年玉で買ったのです。1万5千円ぐらいだったかな。まだ中学3年でも小さかったからブルーワーカーは大き過ぎて実はあんまりできなかった。まあ、それでもちょこちょこやっていた。それから高校3年の夏が過ぎると部活が終わって受験勉強が始まるじゃないですか。そしたら凄く運動不足を感じて。出身は広島の尾道なのですけど自転車通学で尾道の坂を……。

――――― 尾道なのですか。いいところですよね。

ユウジ　ご存知の通り尾道って坂が多い。高校は自転車で坂を登って、登って、登って最後グーッと登るところにある。生徒はずーっと最後まで立ち漕ぎで行く。そうするとグーッと血行がよくなる。冬の1月ともなると毛細血管がグーッと開いてきたら頭が痒くなる感じがあって「あれ、これは何だ？」って言ったら親に聞いたら「それは運動不足だからだ」と言われて。だからその後、映画『ロッキー』のテーマを聴きながら腕立て、腹筋、スクワットというサーキットトレーニングを始めたのです。サーキットトレーニングという言葉はその頃は知らなかったのですけど、腕立て1回やって休憩よりかは1コースで3種目のほうが効率的だなと気づいて。毎日15分ぐらいやっていましたね。

――――― それで筋肉はつきましたか？

ユウジ　筋肉をつけるというより運動不足解消が目的だったんで。部活やっていたから太ってもないですけど。ただ、高校2年か、3年の夏にみんなと海に行った時の写真を見ると「あれ？　俺いい体をしているな」と。今見ると友だちよりいい体をしていた。

――――― ウエイトトレーニングに関しては素質があったと。

ユウジ　どうですかね。いや、やっぱり普通のスポーツが得意になりたかった。大昔の話になりますけど、小学校5～6年ぐらい時に転校生の女の子がやって来たのですね。「可愛いな」とずっと密かに思っていて。中学入ってからその子が背の高い野球部の男と歩いているのを目撃して「あれ？　駄目だな、俺」みたいな（笑）。まあ、そうゆうのもあって"筋トレなら俺はもっとカッコよくなれるかも？"という思いはずっとありました。

大学1年からスポーツクラブでアルバイトを始める

――――― もっと本格的にウエイトトレーニングをやり始めたのは……。

ユウジ　18歳で東京に出てきた大学1年の時からです。その頃、東武練馬駅というところに風呂なしのアパートに住んでいました。すでに東京に住んでいた従兄弟から「東京に来て、おま

え筋トレに興味があるのならスポーツクラブでアルバイトしたら風呂も入れるし、トレーニングできてもう一石二鳥だよ」って言われたのがきっかけでして。

―――― なるほど。

ユウジ その時「あっ、それはいいね」とは言いましたけどね。実はスポーツクラブが何なのかわからない（笑）。スポーツクラブはその頃に流行っていて一般化していたのですけど、田舎から来た人間はスポーツクラブなんて知らないのです。けれど従兄弟の言葉がずぅーと頭にあって、ある日、東武練馬駅の駅前にスポーツクラブがあるのに気づきます。そのスポーツクラブは毎日通るから7月の夏の日、“アルバイトできるかなぁ?”と思って、全然フロムエーとか見てないのにも関わらず入っていって「すいません、アルバイトありますか?」って聞いたら、ちょうど募集中だった。で、フロントのきれいなお姉さんが「セクション、どこですか?」と聞くから、“えっ?　セクションって何だ?”とためらっていると「ジムとフロントとプールとラウンジがありますけど?」と言われて、「じゃあ、ジムでお願いします」と言って、その後に面接受けたら受かっちゃった。そういう経緯からスポーツクラブでバイトとして働き始めるのとバーベルを使ってトレーニングをするのが同時に始まりました。

―――― それは80年代の終わり頃ですか?

ユウジ 1988年ですね。アパートに風呂がなかった。風呂があったらバイトしてない。風呂がなかったからバイトを始めた。スポーツクラブもたまたま僕を採ってくれたと。そこの経営母体は商社だからマシンを自分のところで仕入れていてほんといいマシンがあったのです。そのスポーツクラブは200メートルぐらいのところに練馬駐屯地があるから自衛隊の人がいっぱい来るわ、ゴツい人が来るわ。その中に「ちょっとボディビルやっています」みたいな人も来る。極めつけはマッスル北村（※）さんが来ていたのですよ。僕が働いている2年半ぐらいずぅーっと。北村さんはそのスポーツクラブに来ると、いつも物凄い高重量でやってましたね。北村さんがマシンを使うとナットホルダーもピンと抜けちゃう。

―――― マシンの重量では足らなくなって別にウエイトを括りつけていたとか?

ユウジ はい。そうするとワイヤーがポーンって切れるのですよ。でも北村さんがやると誰も怒らない（笑）。修理するのはいつも僕だったのです。ワイヤー修理係。

―――― じゃあ、普通に北村さんと会話していたのですね。

ユウジ 全然していましたよ。いろいろ話して……。物腰の柔らかい優しい人でしたよ。

―――― やっぱデカかったですか?

ユウジ デカかったですね（笑）。

※マッスル北村：2000年に死去した伝説的ボディビルダー。1986年、ジャパンチャンピオンシップスのライトヘビー級で優勝するが、直後、ドーピング検査で陽性反応が検出され失格。その後、芸能界へ進出し、タレントとしても活動。生前は自身の著書の中で禁止薬物の使用を否定するなど話題にこと欠かなかった。

俳優を目指してロスアンゼルスへ

―――― そういえばユウジさんは一時アメリカに住んでいたのですよね?

ユウジ はい。俳優になろうと思って。

―――― え?　アメリカで俳優になろうってそれはいきなりですね。

ユウジ 僕はやりたいと心の中で思ったことを無鉄砲にやってしまうってことはありません。結構慎重に考えるのですよ。ゆっくりじっくり1年とか考えます。だけど考えた上でやらないまま過ごすということが自分の中で許せない。10年、20年経って後悔したくないという思いがあって。俳優になりたいっていうのはもともと高校生の頃にもあったのです。だけど田舎の子だからかなり曖昧なのですよ。ただ、何となく憧れるだけ。19ぐらいから東京の俳優養成所みたいなのには行ったりはするのですけど、それはほんとよくある、演技を習っているだけみたいな。ただそれだけです。でもそういう漠然とした思いの中でアメリカを見てみたい、アメリカでやってみたい。何かあるわけでもないのだから、それは無茶と言えば無茶でしたね。

——— アメリカで俳優を目指すというのは大学を卒業してからですか？

ユウジ 僕は大学を卒業して就職ってものをしなかったのですね。親は本心ではどう思ったか知らないですけど、「俺、アメリカに行きたい」って言ったら「じゃあ、自分の力でやりなさい」と。実は19歳から20歳の時に2回、ロサンゼルスに観光で行ったことがあったのです。ロスは凄く面白かったし、俳優をやるのだったら本場のハリウッドでしょうと。大学を卒業してから1年ぐらいスポーツクラブでアルバイトしながらも、掛け持ちでパチンコ屋とかバイク便とかやってお金を貯めました。一人暮らしだからどうしても毎月15万円とか出て行っちゃう。でもそれでも何とか100万円貯めて、1993年、23歳の時に渡米しました。今考えると100万円って少ないですよ。円高だったけど、もう着いたらすぐなくなっちゃう。

——— それは何ビザで？

ユウジ 学生ビザです。当時インターネットなんてないですから僕が行った時だってブルース・リーがバッグ一つでハリウッドに行ったのとあまり変わらないぐらいのニュアンス。それは言い過ぎですけど、今はネットで何でも調べられるし、直接オンラインで現地の人に聞いたら何でもできるじゃないですか。着いた時は住むところのツテがなかったので最初の3日間はモーテルでした。でも向こうでアルバイトのツテはありましたね。スポーツクラブで働いていた時のお客さんで「ロサンゼルスに知り合いいるよ」っていう人がいて、「日本食屋で働くからユウジ君もアルバイトできるか聞いてみる？」と言うので「じゃあ、お願いします」って。それと英語学校も事前に2か月申し込んでいました。それが本で調べた英語学校が高くて……。月800ドルもして。

——— その頃のレートですと月8〜9万円ぐらいですかね。

ユウジ はい、高いからとりあえず2か月だけ受けようと。英語学校に行きながら日本食屋でバイトをしていたある日、厨房の日本人シェフが「あの女性のお客さん、日本人をキャスティングしてくれる会社の人だよ」って教えてくれて。シェフが「何かアドバイスもらったほうがいいんじゃない？」と言うので「すいません。日本から俳優になりたくて来ました」と頭を下げて……。そういうところに登録させてもらったりとかしてました。

——— さすがロスですね。そういう仕事の関係者が多い。

ユウジ そうです。そのキャスティングの人が「演技の学校があって、いろんな外国人、日本人の子もいるのだけど、あそこに1日行くと学籍簿を出してくれるよ」と言われて。「そうなんですか!?」って。「英語学校より安いよ」と言われるし、演技も英語の勉強できて学籍簿も出してくれて"こんないいところはないな"と思って最初の英語学校から演技学

校に移って。日本にいる人たちには「とりあえず2年アメリカで頑張るから2年したら日本に帰って来るから」って言ってましたね。そしたら2年経っちゃった（笑）。2年なんてこの年で考えるとすぐじゃないですか。結局、俳優として芽が出ることは叶わなかった。なので"食えるようになるまでロスで踏ん張るとしても10年経ったらどうなるのだろう？"とか悩み始めて……。"そろそろ帰ろうかぁ"みたいな。

再起をかけたパーソナルトレーナーという仕事

────　帰国後はどうしたんですか？

ユウジ　日本に戻って来てからも俳優で食っていきたいという思いが捨てきれなくて。ジムで働きながら数年はオーディションとか受けたりしていたと思います。もう29歳になっていた時ですかね、ジムのチーフから「パーソナル、やらないか？」と誘われたのですよ。

────　パーソナルとは時間単位でクライアントにウエイトトレーニングを指導して報酬をもらう、現在のユウジさんの職業「パーソナルトレーナー」のことですね。それは先見の明がありましたよ。今はパーソナルトレーナーを名乗る人が星の数にいますけど、その頃は数えるくらいの人しかパーソナルトレーナーの肩書を名乗っていなかったと思います。

ユウジ　そうですね。その時、チーフから「パーソナル、まだどこもやってないからいち早くやろうぜ」って言われたけど、それから半年間悩みまして。チーフには「今はまだ俳優やろうと思ってまして、パーソナルやるならちゃんとやらないといけないと思うから今はちょっとできません」と言って半年待ってもらったのですね。でも半年の猶予が来ても状況が何も変わらない。"やっぱ俺は駄目なのか……人生変えなきゃいけないな"と決意して、「やります」って返事をしてから今に至ります。

────　パーソナルトレーナーを始めてから何年経つのですか？

ユウジ　今年で23年目です。僕は日本でパーソナルを始めた人たちの中でも早かったと思いますよ。最初はパーソナルトレーナーという職業自体の認知度が低くて試行錯誤の連続でした。今のパーソナルトレーナーになる子って、1時間いくらのお金をお客さんから頂くことを軽く考え過ぎていると感じています。それはここ10年ぐらい思っているのですよ。僕の場合、「パーソナル、やらないか？」と誘われた時に"お金を払ってもらえるだけの責任を俺は負えるのか？"とか"もし俺がクライアントだったら払えるか？"とか物凄く悩みましたね。あの頃は振り返ると貧乏だったし、"当然払えないな"と思ったし、だからこそ「ちょっと待ってください。今の僕だと責任を負えません」と言って、"やるならちゃんとやらないといけない"と一念発起し、ちゃんと準備したかったから半年待ってもらったのですね。ちなみに現在（2023年3月）の僕が頂いている指導料は、1時間単価で6,600円（税込）になるんですけど、6,600円は貧乏だから払えないとかじゃなくて、会社経営している人にとっても6,600円は同じ6,600円だから。それだけの金額に見合うだけの提供を絶対しなきゃいけないという責任感というかプレッシャーは常にありますね。

fin

コラム　筋トレの本を企画するにあたって　by「編集」

　本書をキッカケに筋トレを始める人は、ベテランのトレーニー（トレーニング愛好家）ではなく、ほとんどが初心者だと思います。

　50代でも正しいトレーニングを行い、十分な食事を摂り、適切な休養と睡眠時間を確保すれば筋肉をつけることは可能です。

　トレーニングを始めてみる前に「筋肉がついたら一体、自分は何をする？」と自問することをお勧めします。

　というのも軽い気持ちで始めた筋トレが知らぬ間に生活の中心になっていたとか、これまで仕事や趣味に費やしていた時間やお金を過度にトレーニングに費やすようになったとか……このようなことが起こりがちだからです。

　筋トレはクセになります。中毒性があります。ジムに行かなかった日やトレーニングをしなかった日は罪悪感に駆られます。継続させるのも難しいですが、ハマったらなかなか抜け出せないのが筋トレです。「仕事や趣味より筋肉を優先」という思考になったら危険信号と言えます。

　トレーニングのリスクは、間違ったフォームで行うと肉離れを起こすとか、腰痛になるとか、身体面でのリスクが語られるばかりで、トレーニーが陥りやすい仕事面や生活面でのリスクを語られることがあまりありません、ここでは、本書の「編集」を行った私の体験談を語りたいと思います。どうか少しの間だけお付き合い下さい。ここは読み飛ばして頂いてもかまいません。

　現在、私は54歳ですが、10代の頃から筋トレに興味を持ち始め、特に40代の約10年間は週5〜6回でジムに通うほどウエイトトレーニングに真剣に取り組みました。

　かつて私がジムで計測した体組成計を参考までに次の頁で掲載します。

　身長183cmに対して「体重73.7kg/ 筋肉量67.8kg/ 体脂肪2.2kg/ 体脂肪率3%」という数値。「アスリートのように筋肉が多くしっかりしている」と判定され、フィットネススコアは「89ポイント」でした。最高値「90ポイント」のあと一歩までに迫ったことで、この数値を叩き出したことに大変喜びました。ジムレベルの体組成計ではその精度が当てにならないと言われそうですが、それでも当時の私は全身に血管が這うほど筋肉質で脂肪が少ない体をしていたと思います。

　確かに筋肉を纏うことは出来たけれども仕事には集中できませんでした。編集という仕事は不規則です。取材やミーティングが長引いたり、予定していた原稿が遅れたりすると「トレーニングの時間に間に合わない！」という場面が頻繁に起こりました。

　筋肥大（筋肉を発達させること）への強迫観念とカタボリック（※）に陥ることへの恐怖で頭が満杯になり、当時、編集長をつとめていた雑誌の中で新機軸を試したり、新しいコンテンツを開拓したりすることが面倒になりました。雑誌の売上は急降下します。当たり前です。

　さすがに「このままでは駄目になる」と思い始め、「自分にお金をもたらしているのは筋肉ではない」と目を覚ました私は筋トレから距離を置きました。仕事や生活に支障をきたすようなトレーニンググルーティンや食事制限を課すライフスタイルから決別したのです。

※カタボリック：長時間、食事をせずに空腹が続いてエネルギー不足になった状態。この状態が続くと体が足りないエネルギーを筋肉から確保しようする。その結果、筋肉が分解されて栄養にまわされるため筋肉を失ったり、筋肥大が起きにくくなると言われている。

体組成計 (参考資料)

身 体 バ ラ ン ス

(今回)

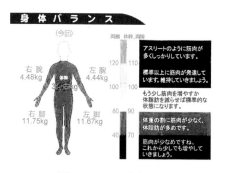

右腕 4.48kg
左腕 4.44kg
右脚 11.75kg
左脚 11.67kg

アスリートのように筋肉が多くしっかりしています。

標準以上に筋肉が発達しています。維持していきましょう。

もう少し筋肉を増やすか体脂肪を減らせば標準的な状態になります。

体重の割に筋肉が少なく、体脂肪が多めです。

筋肉が少なめですね。これから少しでも増やしていきましょう。

上半身バランス：	均衡	上半身強度： 発達	上半身バランス：
下半身バランス：	均衡	下半身強度： 発達	下半身バランス：
上下バランス：	均衡	筋肉強度： 発達	上下バランス：

身 体 計 測

cm	周囲長		脂肪の厚さ
首	38.3	----	----
胸	98.2	97.8	0.1
ウエスト	77.8	77.4	0.1
ヒップ	95.4	----	----
右腕	34.6	34.1	0.1
左腕	34.3	34.0	0.1
右太もも	52.5	52.2	0.1
左太もも	52.5	52.2	0.1

部 位 別 筋 肉 量

kg・%

	低	高
右 腕	40 60 80 100 120 140 160 180	4.48 / 135.1
左 腕	40 60 80 100 120 140 160 180	4.44 / 134.2
体 幹	70 80 90 100 110 120 130 140	32.5 / 117.6
右 脚	70 80 90 100 110 120 130 140	11.75 / 118.2
左 脚	70 80 90 100 110 120 130 140	11.67 / 115.4

ECW/TBW

（ ）:標準範囲

0.372

(0.360~0.400)

基 礎 代 謝 量

1915 kcal

骨 格 筋 - 脂 肪

項目	低	高	%
体 重(kg)	55 70 85 100 115 130 145 160 175	73.7	
骨格筋量(kg)	70 80 90 100 110 120 130 140 150	41.1	
体脂肪量(kg)	40 60 80 100 160 220 280 340 400	2.2	

体 成 分 分 析

項目	測定値	体水分			体重
細胞内水分 (ℓ)	33.1	52.6	67.8	71.5	73.7
細胞外水分 (ℓ)	19.5				
タンパク質 (kg)	14.3				
ミネラル (kg)	4.55	non-osseous osseous 3.74			
体 脂 肪 (kg)	2.2				

肥 満 診 断

項目	低	高	
B M I (kg/m²)	10 15 18.5 22 25 30 40 45	22.0	
体脂肪率(%)	0 5 10 15 20 25 30 35 40	3.0	
ウエスト ヒップ比	0.65 0.70 0.75 0.80 0.85 0.90 0.95 1.00 1.05	0.82	

フィットネススコア

89 ポイント

標準的な体格 ： 70~90

本書の「編集」が2014年、トレーニング歴およそ5年、46歳時に計測した体組成計の数値。胸囲「98.2cm」、右腕「34.6cm」、右腕「34.3cm」と数値だけ見るとデカくないが、脂肪の厚さが「0.1cm」という状態を考慮すると結構よい数値とジムの人には言われた。

　世間で見聞きするトレーニング情報は、ボディビルダー、フィジーカー、筋トレ系YouTuber、アスリート、ジムの関係者、パーソナルトレーナー、俳優、モデル、理学博士、栄養士などから発せられたものがほとんどだと思います。

　彼らには「筋肉がついたら一体、自分は何をする？」という明確な答えがあるはずです。なぜならば彼らは筋肉が資本となる職業に就き、トレーニングの知見や経験を語ることで何かしらの対価を得ています。彼らには出口があります。

　しかし、トレーニング情報を受ける側がそのような立場にいるとは限りません。その大半は一般の人でしょう。

　私も多くの人と同じように「いい体」になりたいという動機で筋トレを始めたクチですが、「筋肉がついたら一体、自分は何をする？」というと、「何もなかった」ことに気づきました。

　私はせっかくつけた筋肉を失いたくないという理由で、自分に課したルーティンを闇雲にこなすという袋小路に迷い込んでいたのです。出口はありませんでした。

　ボディビルやフィジークの大会に出るのだ！　みたいな出口があればいいですが、そうでなければ「生活の中心を筋肉の育成に据える」のは行き過ぎだと強く感じます。

　人が生きていく上で「筋肉の育成に悪いこと」が相当含まれています。

　本書では「筋肥大にとってNG」なシュチュエーションに遭遇した場合の対処法をユウジ氏に聞きました。

　これまでのトレーニング本でしたら「やめるべき」とか「やるべき」とか語られていたことを「やめる必要なし」とか「やる必要なし」としているものあります。

　世間で見聞きするトレーニングの情報は「生活の中心を筋肉の育成に据える」ことをベースにしたものが少なくありません。そのまま鵜呑みにすると働き盛りならば仕事上で必要なスキルや人脈、昇進するチャンス、その年代にしか出来ない貴重な人生経験を逃しかねない危険性をはらんでいます。

　本書は「生活の中心を筋肉の育成に据える」のではなく、「普通の大人としての嗜みや矜持を持つ」トレーニング本にしたいと思って企画しました。

　本書ではトレーニングの時間を「1日〜分に留める」など、筋トレに費やす時間に対して一定のルールを設けることを勧めています。

　50代といえば、ビジネスもプライベートもどちらも脂が乗る時期です。そんな大切な時期に「取引先に飲みに誘われたけどトレーニングのことがあるから本当は断りたい」とか「ルーティンが崩れるから長期の海外旅行は行けない」とか「8時間は寝ないと超回復は起こらないからオールナイトのフェスに行くのを諦めよう」とか「プロテインやサプリの出費で欲しい物が買えない」なんていう状況に陥ってもらいたくありません。

　トレーニングを行うと脳内からエンドルフィンが出て、気持ちは前向きになります。「リフレッシュできて体も引き締まる」から筋トレを行う。お腹を引っ込めたい。「ほどほど」に鍛えたい。「まあまあ」いい体になりたい。本書はそのくらいの目標に設定してあります。

　ご拝読ありがとうございました。（編集）

おわりに

　僕が 30 年以上筋トレを続けてきて、確信しているのは、最も重要な成功要素は「始めること」、そして「続けること」。

　これ以外にカッコいい体、健康な体、20 歳若い体になるための方法論はないのです。

　異常に重いベンチプレスとか、特殊なマシンを使った筋トレをボディビルチャンピオンはやっているかもしれません。

　しかし自分が何者で、どのレベルにあって、何を目指しているかを明確にしなければいけません。

　今まで 30 年間運動らしい運動をしなかった 50 代。僕はそんな人が「始めよう！」という気持ちになれる方法、続けられる方法を 10 年、20 年、常に考えてきました。

　それは一見「筋トレ」というひとつの言葉で括られる限りはボディビルと同じに考えられ、嫌がる人もいますが、一般の 50 代が「いい体」になるには違うアプローチが必要なのです。

　本書では私がトレーニングを指導する現場で何十年も培ってきた経験を全て注ぎ込んでいる内容になっています。

　「短い運動時間で頻繁に」「退化した部分を元に戻す」「自体重トレーニングで衰えた機能を復活させる」

　それらをテーマに選りすぐりのエクササイズを紹介しています。

　これによって、始めやすい→続けられる→効果が早く見える→続ける→もっと体が変わる、という流れが生まれてくるのです。

　筋トレをして体を変えるということは、見た目に自信がつき、筋力や体の機能が向上して体が軽くなり行動が活発になり、いろんなものに挑戦し、いろんなものと出会います。それよって人生はどんどん前向きな方向に展開していくのです。

　世の中では単に「筋トレ」で片付けられますが、やるとやらないでは人生が本当に大きく変わってきます。

　僕自身、筋トレで体が変わったことで劣等感があった少年から人生は大きく変わりました。

　だからこそ僕は「筋トレ推進者」であり、筋トレ布教活動を生きがいとしているのです。

　あなたにもその醍醐味を経験して欲しい！

　もちろん最初は体がカッコよくなるだけでいいんです。

　でもその先にきっとよいことがありますよ！

2023 年 3 月

パーソナルトレーナー
ユウジ

【著者紹介】

ユウジ

本名：高橋祐爾　パーソナルトレーナー
1971年2月6日生まれ　広島県尾道市出身
筋トレ歴34年。トレーニング指導歴32年、パーソナルトレーナー歴23年。
スポーツクラブルネサンス三軒茶屋で個人指導、オンライン個人指導、
ライブ配信グループレッスン(MOSH)を行っている。
40-50代向け筋トレYouTubeチャンネル『sexyfitness』は現在登録者数30万人。
「バックランジ」動画は大ヒット中！

【YouTube チャンネル】
https://www.youtube.com/user/sexyfitness

【MOSH】
https://mosh.jp/sexyfitness/home

50代から始める正しい筋トレ

2023年4月1日　初版発行
2024年7月6日　2刷発行

著　者　ユウジ
発行人　佐藤広野
発行所　株式会社コスミック出版
　　　　〒154-0002　東京都世田谷区下馬6-15-4
　　　　代表　TEL. 03-5432-7081
　　　　営業　TEL. 03-5432-7084
　　　　　　　FAX. 03-5432-7088
　　　　編集　TEL. 03-5432-7086
　　　　　　　FAX. 03-5432-7090
　　　　https://www.cosmicpub.com/
振替　　00110-8-611382

ISBN 978-4-7747-9284-2 C0075
印刷・製本　株式会社光邦

乱丁・落丁本は、小社へ直接お送りください。郵送料小社負担にてお取り替えいたします。
無断複写・転載を禁じます。定価はカバーに表示してあります。

©2023　Yuji　COSMIC PUBLISHING CO.,LTD.　Printed in Japan